你們就是不懂我！

心理學博士
陪你找到正能量，
度過讓人有點不知所措，
似乎又有點美好的
成長期

英國約克大學心理學博士
黃揚名 ——— 著

【推薦專文】

打開一本沒有終點只有愛延伸的「親子使用說明書」

《Ashley在這裡愛說話》主理人、親子生活教育家／Ashley艾胥黎

小男生總是古靈精怪，還記得他看完佐藤真紀子《媽媽使用說明書》後，煞有其事也做了一本小冊子，A4白紙摺了幾折以紙膠帶當書背，那時候才小學二年級的他，歪歪扭扭的字跡書寫都是他特意對媽媽的特質觀察、以及打算向媽媽爭取的各項權益，諸如：如何順利要求使用平板電腦、在什麼樣的時機點能有效爭取購買遊戲裡寶石與配件、如何與姊姊們公平分配「該做的家事」……等條列項目，對於他看完書後的有樣學樣，乍看內容是忍俊不已，沒想過自己成為孩子的小型田野調查對

象，而且研究設計與目的還有模有樣地被記錄下來。這觀察與實作的後續奏效，對小兒更是鼓舞，甚至加碼有了針對兩位姊姊的使用說明書版本……

和家中大孩子的溝通模式，愈來愈偏向手機訊息聯繫，我們有一個名為【好好好】的三女子line群組，其中最多的是媽媽轉傳有共感的網路文章、平台影片連結，然後摘要重點、再加上「媽媽的想法」，還要美編用吸睛的line圖示引起她們的注意！只是這些訊息多數貌似已讀不回，偶爾訊息下方那迷你的按讚小符號，甚至看得出來應該是心情大好，才會回傳貼圖表示：朕，知道了！雖然看起來像是媽媽的一廂情願，但漸漸地，因為有了這樣的共同資訊基礎，對忙碌在課業、在校園的高中生與大學生來說，逐漸內化成為我們母女間，最沒有認知落差、可以馬上互動的話題開關！

《你們就是不懂我！》從第一頁開始到最末，彷彿獲得同溫層支持般的心滿意足，然後意猶未竟。如果沒有日常「以量取勝」的親子互動累積，如果沒有常態溝通的熟悉理解、如果沒有因為在乎彼此言行情緒的對等，我想是很難無中生有這32道親密相關的青少年答客問！尤其書中那些百分百符合青少年／青少女的現實情境，以及理性坦白關於「爸爸／父母立場」的打開天窗說亮話，不慍不火特別忠實表達每一位願意陪伴孩子與時俱進的熟齡成年人，所有絮絮叨叨直想把自己人生經驗與見識閱歷傾囊分享、濃縮為精華希冀成為下一代成長養份、減少跌撞的父母心！

當年那本小兒為媽媽量身打造的「媽媽使用說明書」，如果「想同理父母的思緒脈絡好減少不必要的嘮叨噪音嗎？想用最簡單有效率的方式讓父母能切中要點真正了解你的需求嗎？」，那麼這本直白真誠、毫無保留展現父母內心小劇場的書，正是青少年／青少女們最能知己知彼的《父母使用說明書》；而對於在育兒教養路上，每一位都是從新手出發的父母，更是可以成為充分有感並產生共鳴的親子對話指引。

付出愛與被愛，是所有親子成長共乘的原點與初始，而其中最珍貴的，便是「知道自己被理解與尊重」，那是獨一無二的包容與溫暖！祝福所有親子，都能暢享這段青少年與大人一起邁向成年獨立與熟齡寬廣的所有美好與無憾！

【推薦專文】

陪伴青少年成長的父母指南

陶璽特殊教育工作室創辦人／曲智鑛

在《你們就是不懂我！》這本書中，可以看見一位有耐心的爸爸和兒子分享自己對於這個世界的認識，探討的主題從學習、交友到價值觀、人生觀。試想，有多少家長曾把親子溝通當作這麼重要的一件事，願意花時間整理自己，並且用尊重孩子的方式讓他理解，陪伴他長大。

我們都知道，青春期孩子的身體與心理都正急遽變化，這樣內在的不穩定也讓他們在面對外界環境刺激時常容易有過度激動的反應，想要做自己，尋找自我定位的本能也讓他們容易和身邊的大人衝突與對立，在我所著的《天賦就是你的超能力》

中特別用半獸人來稱呼這個時期的孩子，大人的理解和支持是讓他們穩定進化的關鍵，而黃揚名老師的新作《你們就是不懂我！》是最好的示範，讓我們看見大人如何溫柔的堅持，在不同生活事件中，有意識的傳遞重要的價值觀給我們的孩子。

書中每個篇章都用問題開場，像是「如果活著不能做自己喜歡的事情，人生有什麼樂趣？」、「社會上多數人都是普通人，那我為什麼不能立志當個普通人？」、「如果沒有找到自己喜歡的事物，是不是很糟糕？」「跟別人不一樣，可以嗎？」、「我就是讀不懂，怎麼辦？」、「該怎麼面對別人的閒言閒語？」、「什麼時候該開始談戀愛？」、「那麼多事情要做，怎麼規劃自己的時間？」這些藏在青少年心中的問題，透過黃揚名老師的拆解、剖析、梳理和澄清，提供爸爸媽媽很好的思考框架，幫助我們在面對青少年時有更好的預備。而青少年讀者看過之後，也許可以感覺有一點共鳴，有一點啟發，彷彿有人陪著你一起，更容易找到自己的方向。

常有人說，孩子小的時候要趕快教，長大了就來不及了，我認為這樣的觀點是不對的，小時候要教，長大了更應該要教，青春期的孩子正面對各種不同人生課題的挑戰、不同發展任務的考驗，這個時期的他們更需要有一個軍師。認識自己是每個人一輩子的功課，青春期的孩子是，父母們也是，就像我在《曲老師的情緒素養課》中提醒的，平時刻意的整理自己，練習覺察與反思，梳理自己過往的生命經驗，能讓一個人變得穩定。

黃揚名老師的書寫其實就是非常好的策略，未來，爸爸媽媽們在和青春期的孩子開口前，給自己一些時間把想說的話寫下來，整理好想法和心情後再說。我相信成為一位稱職的父母親是需要學習的，《你們就是不懂我！》這本書是幫助我們增能重要的學習材料，誠摯的推薦給大家！

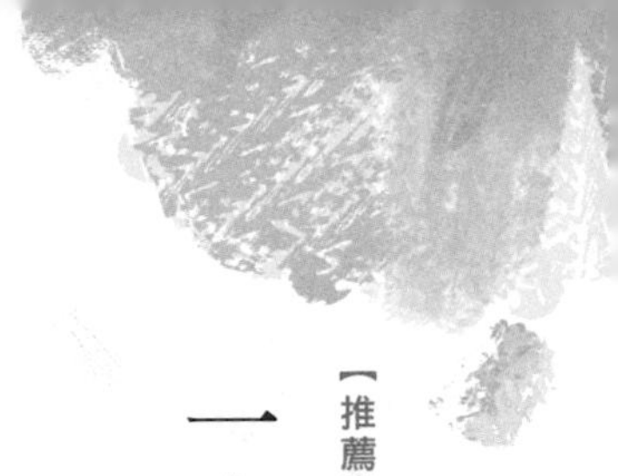

【推薦專文】

一本來自爸爸給青少年兒子的情書

諮商心理師、《教養是合作》作者、兩個孩子的媽／李家雯（海蒂）

「愛孩子，怎麼這麼難？」這是我當了兩個孩子的媽後，十幾年來常有心路歷程。尤其當孩子進入青春期，更常覺得難以招架孩子給予的挑戰。捉得太緊，害怕孩子反抗逃跑；放得太鬆，又擔心孩子偏離跑道。朋友笑我，「你不是諮商心理師？也會對教導孩子這麼無助和焦慮嗎？」我總笑說：「心理師回到家中，也只是普通的媽媽，我們都有屬於自己關卡。」

不知，你是不是也常有這樣的為難？在工作和專業上，明明算是游刃有餘，在自我專屬的領域裡是獨霸一方的英雄，卻唯獨在面對自己的孩子，總脆弱無助的找

不到方法，不知所措。或許在孩子面前，身為父母的我們會如此難為，無法多言，是因為我們明知自己是愛之深，卻又不願責之切的破壞了親子之間的關係。於是對孩子，說多、說少，都擔心是錯。然而，教導規範，提醒正確價值觀，與孩子維繫親密的連結兩者必然是互相牴觸的嗎？或許未必……

翻開揚名老師的《你們就是不懂我！》一書，你會發現這是一本父親寫給兒子的情書，讀者不只能讀見書中滿滿的愛，也會讀到字裡行間裡，來自父親給孩子深切與堅定的提醒，那是身為父親能給孩子的專屬浪漫。

關於未來，揚名老師提醒孩子：重點不在於「要成為什麼樣貌」，而是在這條探索的路上多帶著一些好奇，多允許一切可能，將重點放在嘗試與感受，「因為嘗試的目的，不是為了要成功，而是去體會那個過程，校準自己在一個舒服的位置。」關於交友，他也提醒孩子：縱使朋友再重要，都不該讓友誼凌駕於自身的價值觀與道德對錯之上，因為「沒有任何一段關係是值得人不顧一切去維持的。」關於行動與抉擇，他提醒了孩子：與其盲從於主流，你得更細細地去留意自己的內心，「尋求內在的滿足感作為自我行動驅力」，才不會使自己成為盲從無法明辨是非之人。

在這本《你們就是不懂我！》中，揚名老師將關於青春期成長的愛與痛，化為一篇篇的情書，對青少年在自我探尋的旅途中，可能會遭遇的迷惘與困惑，傾聽且回應於這些文字中。

這本書名叫《你們就是不懂我！》，而我也會想，身為父母的我們，不也常常覺得，其實孩子也常常不懂爸媽的心意嗎？我們對孩子總有滿滿的愛與期盼，卻不得其法；如同孩子們也是在追逐父母眼光，希望被認同，卻又夾雜在渴望獨立的拉扯中。

面對青少年，有著許多不安與焦慮的你，也是如此嗎？明明對孩子有滿溢的愛，卻不知該怎麼好好傾訴。不妨，就讓揚名老師替你說吧！將這本《你們就是不懂我！》交給孩子，讓他知道，父母的提醒未必總是刁難，父母的想法未必都是控制。就讓這本乘載著父母殷切期盼的情書，代替自己，透過有力的第三者的言語，讓孩子明白那些我們想說卻無法自行說出的情話吧！

【推薦專文】

在父子對談中看到大人心裡蠢蠢欲動的青春之歌

輔仁大學醫學院臨床心理學系副教授、發展心理學家／林慧麗
（兩個現在十幾二十歲孩子的媽媽）

青少年發展階段的獨特性

這是一本專門談論成人與青少年概念交流的互動記錄兼運用手冊。人類的青春期為什麼需要特別被劃分出來討論？發展心理學家又為什麼要把人生分階段？難道人類發展不是一點一滴逐漸累積起來的量變嗎？然而當我們走進幼兒園的廁所時，

會發現這個小小孩專用的硬體根本不是用「量的改變」就可以理解的。幼兒園的廁所是沒有隔間，也不分男女生的。

人類發展的量變，累積到某個程度時會出現跳階的成長。一些在發展後期被視為理所當然的事情，例如瑞士日內瓦發展心理學家皮亞傑認知發展理論中，用來測驗小小孩是否已經具有具體運思能力的數字保留概念作業與三山作業，如果拿來詢問大部分中高年級的小學生，可能會被孩子白眼。

同樣的道理，看起來高大、反應又快的青少年，在這歷經生理急遽變化的幾年當中，雖然看起來認知能力有著成人的抽象特質，有些能力甚至可能超越成熟的個體，但是尚在累積中的社會經驗、對於世界的完美期待、對於自己擁有能力的未知，就好像電影裡剛獲得超能力的超級英雄，躍躍欲試，卻又不確定要如何控制最恰當。

本書特色

這是一本值得品嘗的讀物。從細膩到宏觀，每個層次面面俱到。每一章的主題起始於提問與對話，由對話中延伸到不同的思辯層次。可以是更高更抽象的哲學思維，也可以是每一天會遭遇的問題。抽象的層次滿足了青少年還在成形當中的自我統合衝突思辯，讓剛剛開始面對皮亞傑認知發展理論最後一個階段的抽象形式思維的青少年，由具體經驗的實踐操作中，挑戰自己認知中理想與現實限制兩者之間的衝突。這是個沒有捷徑的歷程，需要經由重複的螺旋式的思辯，才有機會看到發展中的個體主動建構出來的認知成果。

書中挑戰的問題不但經典，也具有現代觀與前瞻性。經典的友伴與愛情的問題並不是青少年階段專有的問題，但卻是成長過程中非常核心的議題；在人類發展理論最近提出「逐漸成形的成年期（emergent adulthood）」的階段中，人際問題仍舊是核心之一。事實上，這個問題會持續在一個人的一輩子中不斷地浮現。

除了經典的挑戰，還有最新的科技環境帶來的新挑戰，例如書中反覆出現的網路世界與科技產品遊戲的議題。今年是二〇二三年，現在已經成為青少年父母的這一群人（包括我自己在內），自己的成長過程中還沒有這些新的客觀條件帶來的全新挑戰，但是被迫一定要面對這個新的科技帶來的全新問題。書中對話發人深省。

每一個成人都曾經是青少年

已經長大的人如果陪著孩子成長，還有機會再重溫一回青春。這本書裡的對談擦出的火花，似乎訴說著這樣的情懷，又極其理性，能夠回歸到每日生活實踐之中。有些人只是生理上變老了，但是心裡頭還住著一個一直不想長大的、反骨的青少年。有些人也許大部分的時候都被歲月磨著催著，看起來成熟穩重大方，但是時不時就會需要把蠢蠢欲動的青春之心壓壓好，免得被看穿，一不小心就壞了大事。

讀這本書讓成年人有機會和孩子以及住在自己心裡的青少年對話，在對話中尋找更多對話的可能性。未必見得有答案的問題，更值得嘗試著回答。

文末要指出本書最大亮點之一——喜歡問問題的黃家哥哥太令人激賞了！因為這些提問，我們才有機會讀到這本好書。謝謝！

【推薦專文】

走向彼此，讓我們一起成為更好的自己

臺北市芳和實驗中學校長／黃琬茹

黃揚名教授此本關於如何引導青少年度過青春期的指南，以自我經驗為主，篇章結構清晰、語言簡潔易懂，貼近讀者的生活體驗，讓讀者能感受到作者真誠的關心和支持，也幫助讀者更好地理解和接受書中所提出的觀點和建議。本書強調了溝通的重要性，運用自然、親和、坦率的家書形式（包含對話與問答），提供了具體的溝通技巧和建議，示範了親子間如何換位思考、同理表達的眉角；並從自我、關係、學習、價值等四大面向剖析各種現象及議題，談到青少年的成長和發展，以及可能面臨的問題和挑戰。作者針對青少年常見的困擾，提供了一些解決問題的思路

和方法，鼓勵青少年應多方且深入探索自我，建立健康雙贏的人我關係，面對時代環境的劇烈變化應積極調適與因應、保持好奇與學習。

本書不論對青少年讀者、家長及任何需與青少年互動、工作的人，都具有極高的參考價值；可以幫助青少年更好地理解自己和身邊的人，也可以幫助教師們更好地理解學生，並提供更有效的支持和指導，更直接提點父母親如何幫助孩子度過青春期，成為他們成長路上的良師益友。

要陪伴前額葉尚未成熟、又受到環境充斥大量資訊衝擊的青少年，雖不至於得站在同一高度，但一定得有更大的耐心及說理的能力，這種「說理」包含自我經驗的反思與分享、價值觀的澄清與引導，目的無非是為協助孩子建構其自主性與責任感。但請謹記：權威屏絕溝通、武斷阻斷對話，如何讓孩子願意聽、聽得懂且心悅誠服，才是關鍵智慧；大人們必須持續學習與練習，保持高度自我覺察並緊追時代脈動，才能在陪伴孩子成長的同時，也重新回溯自我，跟孩子一起成為更好的自己。

目錄

PART 2 關係篇

PART 3

學習篇

PART 4

價值篇

【自序】

青春期的正能量讓關係更美好

近幾年，在國外有個新的詞彙seenager，是結合了senior（年長者）和teenager（青少年）而衍生的，用來指那些雖然有點年紀，卻和青少年一樣崇尚自由、創意和社交的人。這一個非常正向的詞彙，很多人也以能夠成為一位seenager當作自己老後的目標。

但是，我們對於正經歷青春期的人，反倒沒有那麼正向、積極的觀感。比方說，在發展心理學的課本中，談到青少年，總是負面表述的比較多，像是會有自我中心的狀態，或是比較情緒化等等。在社會新聞中，對於青少年的報導，也多半是負面的。好在，我們對於少數青少年的反叛行為，包容性也比較高，會覺得因為他們正值青春期，所以會有那樣的行為，他們不是故意的。

雖然，對於青少年的包容不是一件壞事，但是如果我們只是一味的包容，而沒有想要引導他們去反思自己的行為是否得當，就有點可惜了。因為，青春期有點像是成為成年人前的實習階段，就像實習生一樣，因為能力、經驗還不足，所以需要在有人督導、協助的狀況下去執行業務。只是這些實習生，可能脾氣有點大，又有點不受控。在這樣的狀況下，要怎麼讓他們順利度過實習階段，就需要很多的巧思了。

我在和正值青春期的老大交手的過程中，也有一些印象深刻的挫敗，比方說手機的使用，就是一場很難打的仗。我也曾經戰敗沙場，但是後來我選擇和老大正面溝通，了解他為什麼想要使用手機，以及使用手機到底能為他帶來哪些好處，這些好處是否只有手機可以達成。後來，我們達成了協議，他在課業方面要達到一定的水準，才能使用手機。但是，為了他的視力，手機只能拿來社交，不能拿來玩遊戲和看影片。我們倒不是禁止他玩遊戲和看影片，而是他必須用平板或是電視來做這些事情，以降低對自己視力的影響。到目前為止，成果相當不錯，我和兒子都還算滿意這樣的協商後果。

在和老大互動的過程，我意識到很多時候，孩子在意的點，和大人是完全不同的。但是，很多時候，大人並沒有好好跟孩子溝通自己在意的點，而只是一昧地說：「我這是為你好。」若你有讓孩子知道你在意的點，孩子也不一定就會反對你的做法，畢竟他們也是有獨立思考能力的個體。

所以，寫這本書很重要的一個目的，是希望讓青少年們，可以稍微窺見大人們的想法，知道我們為什麼會對你們有那樣的要求、期許。當然，我也希望透過我和兒子交流、溝通的方式，給大人們一些指引，讓你們知道，其實溝通有很多不同的型式。

我希望這本書可以搭起兩個、甚至三個世代的橋梁，讓跨世代的溝通可以更為順暢。我很喜歡青春期的那些美好能量，如果可能，希望可以讓這些能量因為有了好的溝通，感染其他家人。畢竟，青春期本質上是非常美好的，我們該擁抱這樣的美好才對！

最後，我想要謝謝我家老大，謝謝你願意和我這新手青少年父親合作，打造一段更和諧無礙的關係。我想告訴你，我好喜歡早上從健身房運動回來的時候，看到準備上學的你，主動跟我打招呼。謝謝你讓我可以有身為人父的喜悅，我也希望在我的陪伴下，你可以順利通過實習，成為一個自己心目中想成為的大人。

PART 1

自我篇

你總是質疑——
為什麼「要跟別人一樣」？
為什麼「要拿我跟別人比」？
為什麼「一定要做優秀的人」？
為什麼「我沒有好看的外表」？
為什麼「不能就做我自己」？

親愛的孩子，我想跟你說……

1

如果活著不能做自己喜歡的事情，人生有什麼樂趣？

親愛的：

前一陣子你問我，為什麼我和媽媽一天到晚都叫你做一些你不想做的事情。當下我回你，「如果整天都照你的意願來做規劃，你可能會整天打手遊、看影片，這樣你會比較開心嗎？」你露出了一絲絲做壞事的表情，並且點點頭。我馬上告訴你，這是不可能發生的。你也一副「我早就知道」的態度，我們的對話就結束了。

前幾天，你義正嚴詞的跟我說：「有YouTuber介紹一個研究，說延長下課休息時間，對於學習是有幫助的。」我聽得出來，你是想要跟我說，要讓你多玩一下手機，因為這樣對你的課業是有好處的。不過，爸爸當然不是省油的燈，馬上就突破

盲腸了，因為這個研究的意思，不是要無限延長下課休息的時間，只是認為下課時間可以稍微延長一點，學習效果會更好，所以我才不會因為有這樣的研究就讓你為所欲為。

我想要告訴你，**雖然你可能不喜歡我們叫你做的事情，但並不表示當一個人整天都做自己喜歡的事情，就會比較開心**。比方說，之前有一則新聞，湖北有一對爸媽，他們不滿八歲的小孩長期沉迷於手機遊戲，甚至還跟老師提出要休學的請求。他的父母知道後，將計就計，幫孩子請假一週，讓他可以整天打電動。但是，他打電動要達到一定的水準，而且每天要檢視自己當天的表現。根據報導，這個孩子到了第三天就打退堂鼓了。其實，如果這個孩子知道二〇二一年發表的一個研究，他就會知道要跟爸媽要求的不是無限期地打電動，而是要求一天可以打兩到五個小時的電動，這樣幸福感會最高。

我之前看過一齣影集《良善之地》，故事描述在天堂（The Good Place），人們可以為所欲為的做自己想做的事情，吃自己想吃的東西。總之，他們想要怎樣，就可以怎樣。根據影集中的描繪，在天堂的人，一開始都很開心，但是沒多久，大家就開始覺得了無生趣。當然，這可能是編劇的小心機，故意把這種生活貼上一個負面的標籤。

老實說，如果你願意的話，我也想讓你體驗一下，這種想做什麼，就做什麼的生活。但是，我有點擔心如果你真的體驗了，可能會幻想破滅，對你來說反而不是一件好事。

如果每個人都做自己喜歡的事情，社會是無法正常運作的

我不想要講一些你沒興趣的大道理，但是請你想想，如果在班上，每個同學都做自己喜歡的事情，你覺得會是怎麼樣的狀況？很有可能教室會非常混亂，有一些想要認真上課的同學，會覺得很痛苦；不想上課的同學，有的可能跑出去打籃球，但是因為太多人想要打籃球，結果也沒辦法盡興。

你還記得上次我們出去玩的時候，飯店有遊戲機可以玩，可是因為沒有限制玩樂的時間，所以我們等了半個小時，都還沒辦法玩到遊戲機嗎？當每個人都只做自己想做的事情，就會發生這樣的狀況。但是，另一次住的旅館，就有限制每組客人玩的時間，所以你和弟弟雖然需要排隊，卻玩得很開心，對吧！

人類是群居的動物，我們遠古的祖先早就發現，若群體內沒有規範，每個人都為所欲為，那麼這個群體是無法好好運作的。我知道你會反問，那幹嘛不制訂一個大家都可以為所欲為的規範，若有領導者這樣做，應該會非常受愛戴吧！**可是，要讓每個人都為所欲為，還能夠維持群體的運作，幾乎是一件不可能的事情。**

就像在家裡，如果爸爸、媽媽都自顧自的在享樂，那誰來賺錢？誰來負責大家的生活起居呢？我知道你會說，那個誰家就沒這個問題，可是你要知道不是每個家庭都有家產，都可以不事生產，就能夠支應生活上所需的花費。

有這樣的困擾，不是你的錯

我回頭想想自己還是你這個年紀的時候，好像把獲得好成績當作是自己喜歡的事情，所以生活中也沒太多雜念，就是好好念書。我知道時空背景完全不同，而且以前也沒那麼多好玩的事物會讓我分心。我雖然也一度因為著迷於聽廣播、聽流行歌曲，而影響到自己的課業，但是我有種莫名的壓力，覺得自己要把書念好，這才是唯一的目標。也因為有明確的目標，自己也沒餘暇去煩惱東、煩惱西。

我承認自己以前真的有點傻，居然會相信大人的說法，覺得自己要好好念書才能進入好的學校、好的科系，畢業以後才能找到好的工作。我不知道以前的大人為什麼敢這樣說，但平心而論，以前的生活可預測性真的比較高一些，或許就是因為這樣，他們敢畫這樣的大餅給自己的孩子。

但是，我現在才不會畫這樣的大餅給你，因為我知道這樣的方程式已經無效了。你應該很清楚，我和媽媽叮嚀你的，都不是你一定要好好念書，我們只是希望你可以有目的地去運用你的時間。白話一點說，就是我們希望你知道為什麼現在在做某件事情，而不是渾渾噩噩的在過日子。

現在的世界真的不一樣了，隨著科技的發展，只有人類才能做的事情越來越少，也就是說，人類存在的價值越來越可議。面對這樣的狀況，找到自己的價值確實越來越難，也很容易會讓你覺得，自己認真幹嘛，還不如好好享樂。但是每個時代的人都有不同的科技突破，到目前為止，也還沒有一個突破完全剝奪了人類存在的價值。這些突破都刺激我們去思考，我們身而為人究竟該扮演怎麼樣的角色。

因為時間是無法倒轉的，那麼在此時此刻，你該怎麼面對那些你不喜歡做的事情呢？我建議你可以這樣做：

1 問自己為什麼不喜歡做這件事情？

比方說，你不喜歡複習功課，那你要問問自己，是為什麼呢？是因為很無聊？是因為沒有成就感？還是什麼原因。有的時候，找原因不一定簡單，那麼你可以先想想為什麼你會喜歡做某件事情，那些原因的相反詞，就是可能的原因。比方說，你喜歡玩遊戲是因為很刺激，那麼不喜歡做一件事情的原因，可能就是因為不刺激，諸如此類的。

2 問自己對於這件事情，是否完全沒有喜歡的部分？

我記得你曾經說自己是喜歡上學的，只要沒有作業、考試，你不會討厭上學。所以，對於多數的事情，你應該都可以找到一些喜歡的元素。只要有這樣的可能性，就有機會讓你改變對這件事情的態度。

3 如果事情非做不可，幫自己找點樂子。

「人在江湖，身不由己」，這個道理對每個人來說都適用。所以如果有件事情非做不可，那就幫自己找到一些快樂的元素。比方說，你可以把焦點放在那些你喜歡的元素上，或是你可以在做完那件事情之後，給自己一些獎賞，用心理學的術語來說，就是做一個正強化的制約。若你的正強化制約有成功，你未來或許就會喜歡做那件事情呢！

另外，我知道有時候你不想要做一件事情，是因為這是你沒有做過的，或是曾經做過類似的事情，但是並不喜歡。**我鼓勵你可以用一種比較開放的態度，至少嘗試一下，反正最大的損失，就是驗證自己的想法，知道自己真的不喜歡這件事情。**

如果你願意這樣做，潛在的好處其實蠻多的，因為你有可能會意外發現自己對某件事情也是有興趣的。另一個我覺得更棒的好處，就是這會讓你更有意願想要去嘗試自己不熟悉的事物，我覺得這個能力實在太重要了！

我知道我們一直叫你做你不喜歡的事情，確實會讓人不開心，而我們也

不希望你有這樣的感覺。我們叫你做的事情，大致有兩種目的：第一、希望你有獨立生活的能力；第二、希望你能夠找到自己生命的價值。

我承認自己有時候還是有點老派，所以曾跟你說過，你現在的身分是學生，就是該好好學習，其他的不要想太多。但我其實蠻希望你可以拿著自己想做的什麼事情，很有自信的嗆我，「我就是想要做這個，你不要那麼囉嗦。」或許，藏在我心中的這句話，應該要直接告訴你，可能你就會更有動力去找一些事情來做。

你一定做得到的小行動

寫下一件你在沒有任何外在誘因下也會想要做的事情。

2 我可以當Youtuber嗎？

親愛的：

那天你跟我說，班上有一個同學立志要當YouTuber，可是他爸媽不同意，結果他現在回家就直接進房間，不跟爸媽講話。當時我就問你：「那你會想當YouTuber嗎？」你搖搖頭，還反問我：「你覺得你兒子像是會想當YouTuber的人嗎？當然不可能。」我故意回你：「我怎麼知道不可能，之前有新聞說很多年輕人想當YouTuber，說不定你就是新聞報導的那個很多年輕人之一。」

我心想，既然你開啟了關於未來志向的話題，我一定不能放過這個難得的機會，於是就順勢問你，「那你有想過自己要做什麼嗎？」你露出一種詭異的表情，離

我越來越遠，我立馬就把你抓回來，硬是要你給我一個答案。在我追問下，你說：「我就是不知道自己以後可以幹嘛，不要再問我了。」看到你已經快要聲淚俱下，我趕緊轉換身分，變成貼心好爸爸。

我跟你說，當我還是國中生的時候，我自己對於未來其實也沒有太多想法，只是那時候大人都會告訴我們，只要好好念書，就可以念醫學系，以後當醫生。因為我小時候成績還不錯，自己又沒有別的想法，所以就覺得反正先把書念好，等到大學再來煩惱吧！

以前的大環境使然，沒有人特別強調要適性發展，大多數的人在國中時期根本就沒有想過自己以後要做什麼。要說真的有什麼區分，大概就是覺得自己不想一直念書的同學，可能會選擇上高職，學習一技之長；至於那些不討厭念書的，就是乖乖升學。

現在的情況有點像另一個極端，因為你們接觸到很多不同的可能性，反而因為選項太多，而不知所措。像是YouTuber這樣的職業，就是以前我們不可能想像得到的，因為以前的媒體只有電視台和廣播電台，所以只有上電視或廣播，才能製播自己的節目。此外，現在的科技又進展快速，媒體又常常提及有哪些職業會被人工智慧取代，這或許多少也提升了你的焦慮感。

只要一直願意嘗試，就不用擔心

我知道你現在會有點不安，但是我想告訴你，**只要你願意一直去嘗試、探索不同的可能性，那都是很好的**。甚至有研究結果發現，對於中年轉職的人來說，若他們願意去探索，甚至做了轉職的決定，對他們的好處都是比壞處多的。所以，只要你不自我設限，願意去做出改變，對你來說都是好的。

我可以很有自信的告訴你，如果哪天你跟我說你要當YouTuber，或是電競選手，我一定不會禁止你。前提是，你得告訴我，為什麼你會想這麼做，以及你有哪些階段性要達成的目標。

需要你告訴我這兩件事是有原因的，因為如果我知道你為什麼想要這麼做，那麼當你碰上挫折的時候，我就可以提醒你，你當時決定要做這件事情的理由。只要這個動機還沒有改變，就沒有必要因為一點挫折而打了退堂鼓。

另外，希望你可以設定一個階段性目標，則是期待你不要在做了一段時間之後，因為沒有得到自己預期的成效，就覺得這條路好像行不通。就拿 YouTuber 為例，只有很少數的人會一夕爆紅，並且一直紅下去。多數人都是慢慢累積的，所以你不應該一開始就設定自己要成為百萬訂閱網紅（連星座大師唐綺陽也是經營多年後，才成為百萬訂閱的網紅），而應該設定一個比較務實的目標。

而且我希望你知道，嘗試的目的，不是為了要成功，當然成功也會是其中一個目的。更重要的目的，是在嘗試的過程中，更加清楚知道自己想要的是什麼。就像我，雖然看起來就是一路順遂，博士畢業後，擔任了一年研究員，就進入大學當老師。但是，其實這一路上所做的每件事情，都讓我更清楚知道自己喜歡什麼，不喜歡什麼。當時之所以會選擇擔任大學老師，絕對不只是因為這是一個比較符合社會期待的工作，而是因為我發現自己喜歡教學，喜歡看到別人因為我的引導而有所成長。

找到自己最舒適的位置

我要很明白的告訴你，我和媽媽對你未來職涯的期待只有一個，就是我們希望你在一個你最舒適的位置。**因為我們知道，在自己最舒服的位置，你才能最自在的伸展自己，也能夠更好的過日子。**

但是要能夠相信且願意做到這一點，並不容易。因為即使我們願意支持你，你也會有來自同儕，或是其他親朋好友的壓力。若你不是很篤定的相信這件事，你就會很容易因為別人的調侃，或是輕蔑的話語或態度，而覺得自己好像做了錯誤的決定。

我記得我跟你分享過日本人森本祥司的故事，他原本是在出版業工作，但是他常被指責在「無所事事」，他就思考自己有沒有可能靠這點來過生活。於是，他在社群媒體上公告了自己可以出租，但是在出租過程中，他什麼事情都不會做，只會陪伴在那個租他的人旁邊，也就是所謂的「無所事事」。沒想到，居然有很多人都有這樣的需求，而他就靠著「無所事事」養活了自己，也養活了家人。我想森本祥司就是找到了一個自己最舒適的位置，而且相信這就是屬於他的位置，才能這麼篤定的做這件事。

當然，他應該也經歷了一些波折，只是媒體通常都只想報導成功的那一面，而不想報導不成功的部分。但我認為知道一個人在哪些方面成功了，和知道他在哪些方面失敗了，是同等重要的事情。

爸爸的建議

雖然你現在還年輕，也還沒到一定要決定自己志向的年紀。但是，如果你越早開始做探索，或許就會越早發現自己的喜好，就可以早一點去做自己喜歡的事情。不過，這也不代表比較晚熟就不好，之前甚至有一本書叫《大器可以晚成：當世界沉迷年少得志，耐心是你成功的本事》，就是在說好漢不怕紅得晚，有時候這反而是一種優勢呢！那麼，要怎麼做呢？

1 多聽聽別人的故事。

我覺得多聽別人的故事是很棒的作法，因為很多時候我們可能不知道原來也可以用那樣的方式來過生活。像你們學校有安排家長進班分享自己的職業，也是聽故事的一種類型。現在你有很多管道可以知道各行各業在做什麼，像是我們一起看過的木曜4超玩的《一日系列》，也是很不錯的管道。你對於這類的故事好像有一點偏見，覺得那些人都是成功的，你聽成功的人講他們為什麼成功，似乎沒有太大的意義。我某種程度上認同你，問題是，檯面上就是比較容易接觸到別人成功的故事，而且這些故事也不是完全沒有參考價值。

2 跳出框架思考。

因為科技快速進展，所以職業的選項也變革快速。時不時就會有人說，未來有多少職業都會消失。因此，你在規劃自己未來的時候，不要只拿現有的職業別來做想像。你應該問問自己擅長做什麼，可以靠什麼來養活自己，或許就會找到新的可能性。像是森本祥司去當陪伴者，就是跳出框架思考的好例子。我相信未來還會有很多有意思的職業冒出來，希望其中一個是你創造出來的！

3 趁年輕的時候，多嘗試。

很多人都說年輕就是本錢，我非常認同，特別是在做職涯探索這件事情上面。因為你沒有太多的包袱，別人不會對你有太高的期待，你就可以更自由的去嘗試、體驗。等你年紀大了才想去嘗試的時候，別人就不是這樣的態度了，所以真的要趁年輕多去體驗各種不同的可能性。在國外很流行 gap year，就是很好的嘗試。我記得我博士指導教授的女兒，在高中畢業後，就選擇去非洲當一年志工，然後再回來繼續念書。在臺灣也慢慢有人這麼做，政府也推出一個青儲就學的方案，鼓勵年輕人先去工作，再繼續學業。

爸爸的心裡話

我知道光是確定自己可以做什麼，就很不容易了，更別說是否可以靠這件事情來養活自己。此外，我覺得你的處境真的比我以前艱困許多，因為環境快速變動，帶來很多不確定性。可能一年前還很熱門的行業，過了一年就被人工智慧取代，或是變成沒有市場需求的行業。

面對這樣的不確定性，我只能建議你保持一顆開放的心，有機會就去嘗試、去體驗，或許就會找到一個適合自己的職業發展。**即便你已經找到了，我還是鼓勵你可以持續保持好奇心，多去了解各種不同職業的可能性，誰知道你會不會因此就發現一個更適合自己的選項呢？**

假想你正在做自己做喜歡的工作，跟其他人分享你的工作甘苦談。

3

社會上多數人都是普通人，那我為什麼不能立志當個普通人？

親愛的：

有天我在家裡聽音樂，你突然問我，「這首歌叫什麼，告訴我一下。」我先是很故意的調侃你，原來你也會聽《孤勇者》以外的歌，然後就告訴你這首歌是陳珊妮的《成為一個厲害的普通人》。我好奇地問你：「為什麼會想知道這首歌是什麼？」你說：「就覺得好聽，之後如果我想聽的時候，就知道要找哪首歌。」

雖然我知道你聽音樂的品味比較成熟，但我想應該是裡面的歌詞有點打動你：

用三個詞　描述一下你現在的生活

他想了很久　面對未來一切毫無把握
原來生活不過是
停下來就傾倒的單車
帶走了他最愛的創作歌手
這才看懂　慢性的無力感　是什麼

我第一次聽到這首歌，是因為有畢業的學生在我的一個podcast中，點播這首歌給大家。那名學生說，歌名是她對自己的期許，不過若從歌詞去端詳，她會認為這就是對自己的一種提醒，不要在社會化的過程中，忘了自己的初衷。聽到她這樣說，我自己其實蠻有共鳴的，因為很多時候，我們因為忙，或是因為要滿足社會的期待，常會忘了自己原本想要什麼。

我不知道你心中有感受到怎樣的壓力，所以格外有感觸。我認為我和你媽媽應該都沒有給你什麼壓力，**因為我們都相信，你該做你自己喜歡的事情。只要你知道自己是真的喜歡做那件事情，那都是可以的。**當然這裡指的喜歡，不是娛樂取向的那種喜歡，而是比較正經的那種喜歡。

但是，即便我們沒有期待你要變成什麼樣子，你在生活中可能還是難免會有被期待的感覺。比方說，家族的長輩可能會說什麼你以後是不是要跟爸爸一樣當教授，或是要跟媽媽一樣當設計師之類的；又或者，你可能在新聞媒體中聽到一些很厲害的青少年，小小年紀就自己開了一間公司，或是參加國際性比賽拿下冠軍之類的。

你會覺得有壓力，這絕對是正常的，尤其是現在這個年代，各類的資訊傳播得非常快，你現在除了要面對臺灣很厲害的青少年之外，還會被拿來跟其他國家的青少年做比較。我回想自己在你這個年紀，當時最大的壓力就是知道表哥、表姊或是你爺爺奶奶朋友的小孩，誰又考上了建中、北一女。

那時候我都很想跟你的爺爺奶奶說說，為什麼要拿別人跟我比，畢竟我是我、他是他，我們是不一樣的個體，有什麼好比較的呢？因為我知道這樣的比較是沒有意義的，我也不會拿別人的豐功偉業來刺激你。不過，我覺得你似乎還是會在意自己表現不夠突出，只是沒有很明顯的表現出來罷了。

在鎂光燈下的人，終究是少數

你會有這種當一個「普通人」的焦慮是合情合理的，因為我們的社會太喜歡歌功頌德，所以我們會誤以為多數人都是這麼優秀。而這樣的錯覺，會讓我們不由自主地給自己添加了很多壓力，覺得自己真的非常不如人。歐美的研究結果也顯示，這種追求非凡人生的社會氛圍，不僅讓個人想要追求完美，社會上也期許人們可以完美。但是，這樣的心態其實有點荒唐，畢竟所謂的非凡，就是遠離平均值，也就是說，只有少數人能夠成為真正非凡的個體。

沒有錯，你可能在某些方面確實不如新聞報導中的人，但是多數的人都跟你一樣，是多數的人都沒有那麼厲害，你不是少數沒有那麼厲害的人。更何況，你也不是在所有方面都不如那個人；就像你跟很多不同的個人比較，然後告訴自己，我怎麼都贏不了人，總是都輸別人。這個邏輯是不通的，就好像一位鉛球選手，拿自己跑百米的表現，跟一位短跑選手做比較，根本是穩輸的。

我要跟你分享電影《奇蹟男孩》中的一句話，這是在片中男孩畢業典禮的時候，他接受表揚之後說的話，他說：

也許我根本就一點都不普通，如果我們站在別人的角度，會發現每一個人都是特別的。我們的人生都值得接受掌聲鼓勵。

我非常認同這句話的論點，每個人真的都是特別的，我們之所以會覺得某些人比較特別，那是因為我們用了一些對那些人有利的評分標準。比方說，在我們的社會，大家比較喜歡會念書的孩子，所以如果有人成績很好，就會被認為很特別。但是，並不是所有的社會都是這樣看待的。像是在非洲的一些國家，他們更看重的可能是狩獵能力，所以狩獵能力好的人，就會被大家另眼看待。

現在，這個問題似乎被一些人看見了，所以社會上又開始瀰漫著另一種極端，就是想要讓每個人都覺得自己是特別的，所以創立了很多不同的指標，讓每個人都可以覺得自己在某方面很厲害。這個起心動念沒有錯，但其實有點荒唐，為什麼非得要讓每個人都能在某些指標上名列前茅？我覺得這種作法，和每個人都是特別的，是不同的事情。「每一個人都是特別的」，概念比較像是，尊重每一個個體的存在，而不一定是他要在什麼部分特別厲害或是有傑出表現，才要肯定那個人的存在。

不要把普通人當作是，一個不用認真生活的藉口

我有時候會想，如果你哪天來跟我說：「爸，我可以當一個普通人嗎？」我會有什麼樣的反應。我想我應該會先請你定義，到底什麼叫做普通人。接著我會問你，為什麼你會有這樣的念頭。

在我心目中，只要你認真過生活，那麼你就不是一個普通人。不管你今天是清潔人員、外送先生，或是公司的總裁，只要你認真過生活，你就不是一個普通人。很遺憾的，很多人想到「普通人」，似乎不是用這樣的心態。我覺得我們有點把普通人汙名化了，覺得那些不積極進取的人，不想讓自己可以發光發熱的人，就是所謂的普通人。但這真的是一大誤解啊！

而我所謂的認真生活，不是說你一定要很認真念書，或是認真工作。我所說的認真生活，是指努力扮演好自己的角色，而對每個人來說，最重要的角色，就是要扮演好「寵自己」這樣的角色。正因為要寵自己，所以你要想辦法讓自己可以做一些自己喜歡的事情，用自己舒服自在的態度來過生活，我覺得這是真正重要的事情。

爸爸的建議

最近有好一些戲劇作品，都在描繪普通人的故事，像爸爸很喜歡的《我們的藍調時光》，或是我和媽媽都覺得很有意思的《初戀》。不過可能都不是拍給你這個年紀的孩子看的，所以沒有多少你可以投射的角色。若有可能，我還真希望有一些可以給你們看的戲劇作品，最好主角也是個普通青少年，而不是什麼自己一個人開船環遊世界的青少女，或是成為溜冰冠軍的青少女之類的。

1 釐清自己看重的價值。

看清楚自己重視的是什麼，真的比起把別人認為重要的事情做好更為重要。因為，你的人生是你自己要過的，而不是其他人。如果只是因為別人看重什麼，你就認為自己也要把那件事情做好，那麼你終究會迷失。當然，這也不是那麼容易做到的事，所以你也不用覺得自己現在就要確定哪些價值是你這一生認可的。即使到了我這個年紀，我依舊發現自己看重的價值會出現變動。

2 思考自己對這個社會的貢獻在哪？

雖然我不認為每個人都一定要成為某個領域的佼佼者，但這個社會本來就是由很多人一起努力來維持的。**所以，你該做的事情，是思考自己的位置在哪，並且扮演好這個角色。**你的感受可能沒有特別深，但有在工作的人，過去幾年疫情蔓延的時候，對這件事應該都非常有感覺。有些我們不覺得很重要的人，因為確診不能來上班的時候，我們才驚覺，原來他們是這麼重要。

3 盡可能過自己心目中想過的生活。

我希望你有機會決定自己怎麼過生活的時候，可以盡量考慮自己的需求，而不是考慮別人的需求。如果你沒有辦法過自己想要過的生活，你會覺得自己只是在生存，而不是在生活。

爸爸的心裡話

我其實從來沒有覺得你一定要成名，或是一定要做出一番豐功偉業，因為我覺得那些都不是最重要的。我記得告訴過你，我希望你可以快快樂樂，

做自己想做的事情，這就是我最希望能夠發生在你身上的事情。

現在的社會氛圍下，我們很容易會想要跟別人比較，而一旦陷入比較的環節時，人往往會有一種不想要輸的本能反應。**因為這樣，我們很容易會迷失自己，會覺得自己什麼都做不好，好像只能當一個普通人。但是，我認為這根本不叫普通人，而該叫做迷失的人。**當你知道自己看重的是什麼，知道自己能為社會做什麼的時候，你會很清楚知道，自己是一個厲害的普通人，一個能夠讓社會更好的普通人。

你一定做得到的小行動

假想一位名人，他會羨慕普通人可以做哪些事情？

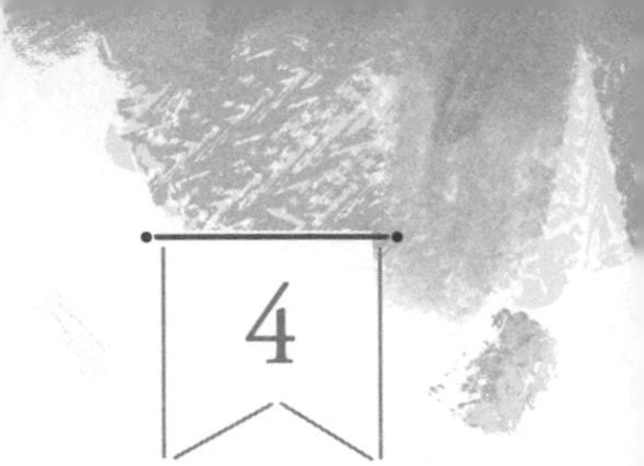

4 如果沒有找到自己喜歡的事物，是不是很糟糕？

親愛的：

有同學問你，有喜歡什麼職業嗎？你一時不知道要怎麼回答。所以你回家後就急著問我，想要知道我是不是很早就知道自己喜歡當老師。我說：「我寫過很多次〈我的志願〉的作文，我印象最深刻的一次是寫到我想要當醫生，因為那個時候我的外婆生病，我希望可以幫外婆治病。除此之外，我其實沒有特別想過要當老師。至於為什麼會當老師，某種程度上也是一種小無奈。畢竟，當年我對於博士的想像，除了當大學老師之外，是相對匱乏的。」

所以，你可以說我一開始並沒有特別想要當老師，而是覺得自己只有這個選

擇。不過，我在念博士期間擔任助教，就蠻喜歡這樣的工作。在正式成為大學老師之後，我發現自己是喜歡教學的，喜歡那種把知識傳遞給別人，讓別人可以從不懂到懂的這個過程。現在的我，雖然有時候會覺得應該要換個工作，但我知道我就算不當老師，應該還是會希望當一個傳遞知識的人，因為這是我喜歡做的事情。

以我的例子來說，我根本不能算是因為自己想要成為老師，所以選擇念博士，接著去找一份大學老師的工作。我的歷程比較像是，覺得要念博士，念完博士之後，好像也沒有幾個選擇，於是選了其中一個最四平八穩的。不過，我還算幸運，因為這個四平八穩的選擇，剛好是我喜歡的，所以我樂在其中。有些人可能就沒有那麼幸運，因為他們雖然念了博士，但是他們只喜歡做研究，而不喜歡教學。如果陰錯陽差成為大學老師，反而會讓他們覺得日子很難熬，確實也有人因此離開了這個別人會羨慕的職業。

理想上，我們都希望生活的各個面向都是自己喜歡的，像是住在自己喜歡的屋子、吃自己喜歡的食物、聽自己喜歡的音樂，等等。但是，有的時候，我們不一定知道自己喜歡什麼。有可能是因為我們對於事物沒有特別的喜好，也有可能是因為還沒有遇上自己喜歡的，所以覺得自己好像沒有喜歡的事物。

以你問到的職業選擇來說，我覺得是很難知道自己是喜歡什麼的。因為，你這個階段會接觸到的職業別相對有限，而且認識也不夠深入。所以，不知道自己喜歡哪個職業，是合情合理的。只有很少數的人，很早就知道自己想要做什麼。像是服裝設計大師吳季剛，他很小的時候，就發現自己很喜歡服裝設計，在家人的支持下，後來也很幸運地走上這條路，而且獲得國際認可。你不要因為聽到了這些厲害的例子，就覺得每個人都很輕易就可以知道自己喜歡什麼、不喜歡什麼。

喜歡是怎麼一回事？

究竟一個人會喜歡怎麼樣的東西，這件事情是有點複雜的。過去有一些研究發現，人們對於事物的喜好，會受到先天的影響，比方說帶有某些基因的人，就會不喜歡香菜。或是，母親在懷孕期間的飲食，也會影響寶寶日後對於食物的偏好。

除了先天的影響之外，後天來自家庭、社會的影響，也不容小覷。比方說，在臺灣我們可能覺得臭豆腐很香，所以喜歡吃臭豆腐；你在耳濡目染之下，也覺得臭豆腐很好吃，這就是後天造成的影響。在這方面，家庭的影響是很深遠的，像是我喜歡吃的東西，就跟你奶奶喜歡吃的很接近。

當然，有的時候，你對一件事物的喜好是被別人設計的，像是你對於手遊的喜好，其實就是受到遊戲業者設計的影響。他們知道哪些因素會讓人感到興奮、愉悅，所以就刻意把這些元素放進遊戲裡面，讓你在不知不覺中愛上這些遊戲。或者，你有沒有發現YouTube推薦給你的影片，都讓你愛不釋手，這也是一種被設計出來的喜好。雖然一開始他們是依據你看影片的紀錄，以及你是否有按讚，來推播影片給你。但是，系統有時候會刻意推播某些他們希望你喜歡的影片給你，讓你落入他們的圈套。

持續保持好奇心是關鍵

雖然我知道你也不是完全沒有喜歡的東西，像是你就喜歡玩手機、看影片還有打羽球。這些你喜歡的東西，有些可能真正反映了你的喜好，有些可能是因為被別人設計才喜歡上的。對於那些被設計而喜歡上的，我覺得你要格外小心，不要誤以為自己真的喜歡。

我希望你可以保持一顆開放的心，對於生活中各種不同的事物，至少都願意去體驗一下，而不要因為自己的刻板印象，就決定不要去嘗試。就像一開始我們想要帶你去爬山，你覺得爬山是件很無聊的事情，不想要跟著一起去。不過，跟我們去了一次之後，你似乎有找到爬山的成就感所在，還跟我們說，「我們暑假來挑戰完成臺北大縱走吧！」

在學科學習上，若你可以保持開放的心態，你就會發現，自己不喜歡的英文，其實並沒有那麼的討人厭。你有可能只是不喜歡英文考試，或是要背下那些看起來長得很像的單字，而不是對這個學科一點興趣都沒有。以學科為例子，若你選擇逃避，你就越難發現自己喜歡這個學科某些部分的可能。此外，因為逃避而導致考試成績不理想，這又會讓你更想要逃避接觸這個學科，於是成了一個難以跳脫的惡性循環。

交朋友也是一樣的，如果你一開始就認定自己只想跟某類型的人交朋友，你可能就會錯過認識一些朋友的機會。像我在大二一開始被迫跟一個我當時不是很喜歡的同學一起住，但是在相處過後，才發現原來我們對彼此都有誤解。後來，這個同學成為我很要好的朋友，畢業超過二十年的我們，還是常保持聯絡。

爸爸的建議

對於玩樂性質的東西，你可能會覺得自己的喜好很明確，但這很有可能是被設計，而不是你真正的喜好。我認為要判斷自己是否喜歡一個本質上不是好玩的事物，像是一項技能，並非一個容易的過程。而且，我們對於一些事物的喜好，並不是在接觸的一開始就會察覺的，而是需要一段時間的醞釀，才會發現自己的好惡。所以，我建議你要：

1 看清楚制約的陷阱。

你所處的環境，真的太多人想要控制你們的喜好了，所以你要特別小心這些陷阱。那些什麼試用就送贈品，或是給好處的，你都要特別小心。因為這可能都是有人想要控制你的喜好，進而為他們帶來好處。有的時候，他們會利用你喜歡的偶像來代言他們的產品，就是希望你把對於偶像的喜好，轉移到產品上，這也是你要留意的。

2 留意別人的影響力。

在你這個階段，會很渴望同儕的認可，所以很有可能會刻意做某些事情，來讓別人接納自己。比方說，你可能一點都不喜歡翹課，但是因為你的好朋友們都在翹課，你可能就會跟著一起翹課。當然別人也有可能對你產生好的影響，比方說你可能會因為你的好朋友很喜歡閱讀，就跟著一起愛上閱讀。**這些因為別人的影響，而產生對某些人事物的偏好，沒有一定好或是不好，只是你需要提醒自己，自己是否真的喜歡這些人事物，不要只是因為想要迎合別人，就勉強自己喜歡。**

3 要有耐心。

要找出自己對正經事物的喜好，有時候是比較耗時的，所謂正經事物就是那種不是一眼就會喜歡的事物，如一門學科。所以我鼓勵你，要有耐心一點，不要嘗試一兩次就選擇放棄。有時候可以找喜歡那個事物的人，帶你去體驗，你可以比較容易發現這個東西的美好。就像去博物館參觀，若有人幫忙導覽，我們就會覺得那些作品比較吸引人，道理就是如此。

我知道對於正經的東西，你似乎還沒有找到自己的喜好，所以每次問你，你都會有點不耐煩。我之所以會問，並不是要給你壓力，而是想要在你

有需要的時候，可以協助你找到自己的喜好。我們這些以前世代的人，年輕的時候常在過別人期待我們要過的人生，所以往往也沒有人在意我們是不是有找到自己喜歡的事物。因為，大人們總會覺得，習慣了就會喜歡了。

關於喜好，我還想跟你分享對我影響很深遠的一句話，是作家陳幸蕙在書中提到的，「喜歡你要做的事情，而不是做你喜歡的事情。」當我必須做我不喜歡的事情時，我會用這句話來鼓勵我自己。不過，現在我把這句話送給你，是有不同的詮釋。我希望你可以去體驗各種不同的事物，然後找到自己的喜好，而不是只侷限在幾樣自己喜歡的事物上。

你一定做得到的小行動

針對一個你很喜歡的事物，分享至少三個原因。

5

總是拿我跟別人比來比去的，不煩嗎？

親愛的：

之前老師在班群貼了一個公告，想問問有沒有家長可以進班分享自己的職業，我本著想要多認識青少年的心情，有點想要報名。但我覺得要尊重你的意願，就問了你的想法，你毫不猶豫的說：「不要，拜託你不要去。」

雖然你沒有告訴我為什麼你不希望我去，但我想其中一個可能的原因是，你不希望自己被拿來和我做比較。很多人都喜歡把父子、兄弟等拿來做比較，像是說你比爸爸更優秀，或是你怎麼沒有弟弟那麼有禮貌之類的。如果是陌生人做這樣的比較，殺傷力還小一點；若這個人是親朋好友，往往就會讓人忍不住惱怒。我小時

候，很不喜歡人家拿你爺爺和我做比較，我最不喜歡聽到別人說：「揚名，你和你爸真的是一個模子刻出來的。」後來，我成了大學老師，在外人眼中是繼承衣缽，但我其實不太喜歡被這樣形容。

有人之所以喜歡這樣比較，我覺得有幾個原因：一個是希望可以拉近和你之間的關係。比方說，有一些很少見面的親戚，說你長得很像爸爸，其實是希望讓你覺得他們和你之間不是完全沒有關係的，你們有一個共同認識的人，就是我。第二個原因，是因為群體中，我們為了區分人與人之間的差異，往往會本能的想要幫人貼上標籤，而做比較就是其中一種常被使用的標籤。

就像我在教書的過程中，會接觸到來自不同高中的畢業生，若過去有一個來自某間高中的畢業生讓我印象深刻，未來遇到同一所學校畢業的學生時，我會有兩種可能的反應。一種就是，「你跟之前哪個學長或學姊很像，真不愧都是某高中畢業的學生」；另一種則是，「你怎麼跟之前哪位學長或學姊差這麼多，你確定你們是讀同一所高中的嗎？」不管比較的結果是相同，或是相異，追根究柢，都是因為我們的大腦太懶惰，想要用更節省能源的方式，來幫助自己做區分。

這樣的比較真的無所不在，像是不少藝人也常常會被拿來做比較，比如很多樂團都會被拿來和五月天做比較；或是泰勒絲也常常被拿來和其他暢銷男歌手或女歌手做比較。泰勒絲曾說過一句話，我覺得很不錯，在這邊跟你分享：

I don't compare myself to anyone else; I don't make comments about anyone else because they do what feels right for them, and that's okay by me.

我從來不會拿自己跟別人比較，我也不評論別人，因為他們做他們覺得對的事情，我覺得這樣很好。

你沒辦法阻止別人比較，但你可以不要在意無謂的比較

不知道你有沒有發現，我們很少會拿你和弟弟做比較，比較多的是點出你們的不同。**因為，我們知道這樣的比較非常沒有意義，雖然有可能會對其中一個人有一些好處，但對另一個人造成的壞處，遠遠勝過好處。**若我們在場，有別人要對你們品頭論足的話，我們都會站出來幫你們打圓場，就是避免你們被別人比較。

但是，有時候這種提醒根本沒有用，因為人們很難改變自己的習慣。而且，當人們不覺得自己做的事情有錯，就更沒有動機想要做出改變。像我就聽過很誇張的故事，有朋友家中有個小孩發展比較遲緩，但一些親友還會說，「你這個做哥哥的，怎麼連弟弟都會的數學，你都還不會。」

所以，我後來練就了一些做法，在這邊不藏私跟你分享。首先，我會先有禮貌的謝謝他們的指教。假設他們是在強調我和誰很像，我接著就會回他們，「可是我會這個，他不會喔。」假設他們是在強調我在哪部分比誰好，我就會回他們，「謝謝，可是那個誰在某件事情上，比我更擅長。」假設他們強調我在哪部分比誰差，我就會回他們，「確實是這樣，那我還要跟他多學習。」通常當我這樣優雅回答的時候，這段對話就會快速畫上句點。

有好的對象可以學習，不要抗拒

雖然我不喜歡被別人拿來比較，但是若換一個角度來看，其實並不是完全不好的。試想一下，如果有人跟你說，你《傳說對決》的排位比你另一個同學差，你應該不至於太不高興，反而會讓你產生鬥志，想要把遊戲打得更好，才可以打敗那一位同學。也就是說，在比輸的時候，我們可以告訴自己，我有一個可以模仿的對象；在比贏的時候，也不要太自負，而要看到自己有哪些部分是有優勢的，哪些部分又可以更加提升。

念國中的時候，我有幾個一起念書的好朋友，我們雖然是競爭關係，但我們也會彼此觀摩，了解為什麼這個人在某個科目總是可以輕鬆拿下高分。現在回頭看那段時光，會覺得有這樣的隊友其實還蠻幸運的。所以，我鼓勵你不要害怕比較，而要用一個比較正確的心態來看待各種比較。

但是，一些沒有必要的比較，你也要練習放下。因為沒有人可以在所有的比較之中獲勝，如果你沒有刻意提醒自己要放下一些比較，而是在結果出來之後才想要做出改變，有時候想不被影響也很難。就像我自己在大學任教，通常會被外界用我們的學術發表來做評量。但是，我知道那不是我最看重的指標，所以在那些方面比輸的時候，我並不是那麼在意。

爸爸的建議

多數人應該都不喜歡被比較，就算要跟別人比較，也不會喜歡比輸的感覺。但是，在現行的社會制度下，很難完全不比較。除了逃避可能會被比較的場合之外，或許你也可以轉換一下心態來看待比較。

1 把比較當作自省的機會。

不會定期自省的人，其實不容易發現自己哪些部分比較好，哪些又表現得比較不好。就像沒照鏡子的時候，我們可能很難發現自己鼻子上沾到了髒東西。這些來自別人的批評指教，就像是照出你內在能力上的特徵，讓你看到自己看不到的部分。若有人對你很嚴苛，你其實該感謝他用放大鏡來檢視你，讓你可以發現自己很難發現的部分。

2 比較本身不是一件壞事。

如果你把比較當作是點出兩者之間的差異性，就會發現，這並不是一件壞事。我們之所以會不喜歡比較，是因為我們沒有用正確的心態來看待比較後的結果。比方說，當有人說你怎麼比弟弟沒有條理，你可以解釋為，這個人發現弟弟比你更會整理東西這個事實，僅此而已。你不用過度詮釋，認為自己被批評了，或是幫自己貼上一些負面的標籤。如果你願意，你可以把這些標籤當作可以讓自己更好的提醒，那麼比較就不是一件壞事。

3 輕鬆看待別人的建議。

面對別人的批評時，要理性面對，真的不是一件容易的事。但是，你要這樣想，不少人只是脫口說出你比誰差、或比誰好，他們根本也沒有什麼別的意思。既然別人不是用很認真的態度，你為什麼要那麼認真呢？你更該做的事情，是自己心中有一把尺，定期用這把尺來評估自己的表現，而不要太在意別人對你的點評。

爸爸的心裡話

我是一個很不喜歡比較的人，因為我覺得很多比較看似公平，實際上一點意義也沒有。因為每個人天生的能力就不一樣，他所處的環境也不同，為什麼我們可以用同樣的標準來幫這些人做比較呢？但是，我必須承認，在我們的社會中，很難完全排除任何的比較。我們好像只能提醒自己，在那些我們重視的指標上，要能夠達到自己期許的水準。至於那些我們可能不那麼看重的事情，就不要因為比較而輕易影響了自己的心情。

希望有一天，我們可以用個別化的標準，來取代看似公平的統一標準。在那天還沒有到來之前，我希望你可以幫自己制訂一個屬於你的評量標準，定期檢視自己的狀態，若有不如自己預想的，可以想辦法做一些提升；若有超乎預期的，也別忘了給自己一點肯定。

你一定做得到的小行動

你最不喜歡別人拿你的什麼部分來做比較，為什麼？

6

為什麼我就是沒有網紅的外表？

親愛的：

戴了近三年的口罩後，校園裡總算不強制要戴口罩了，我問你會感到焦慮嗎？你滿臉問號的看著我說，「為什麼要焦慮？」我還得要跟你解釋，就是有些人對自己的長相沒有自信，用口罩可以遮住半張臉，但現在不能用口罩遮了，可能會因此感到緊張之類的，我在問的就是這件事情。你一臉不可置信的看著我，「你覺得我有在在意外表嗎？我才不會因為不用戴口罩就感到焦慮，更何況我們在學校運動的時候，早就沒有戴口罩了。如果要焦慮，早就該焦慮了。」

我聽了之後，鬆了一口氣，雖然我直覺認為戴不戴口罩對你應該沒有什麼影

響，但是想到你小時候因為個子比較小，有時候會因此生悶氣，我還是會有點擔心，你是不是會因為自己的外表而影響了自信心。還好後來你慢慢長高了，不再是班上倒數的那一兩名男生，也就很少看到你因為自己不夠高而不開心。

或許男生普遍對自己的外表，不是那麼在意；但女生可能不一樣，比較容易會因為自己的外表不如別人而不開心。尤其現在因為大家都在用社群平台，這樣的比較心態更是嚴重，**研究也發現了社交平台的使用，和青少女對於自己外表的焦慮感有顯著的正相關，那些越常使用的，對於自己的外表越焦慮。**

雖然你對於自己的長相不會焦慮，但我有感覺到你會在意自己的體能，你時不時會問我，為什麼我的腕力還是比你強，為什麼手臂肌肉比你有力。除了問這些問題之外，你也會利用空檔在家裡運動，應該是希望自己體態可以更好。有時候你還會刻意少吃一點東西，這都讓我們有點意外，因為你以前是個美食主義者，只要有好吃的，就不會放過任何機會。不過，你的這些舉動都還沒有到誇張的地步，我們也就睜一隻眼、閉一隻眼，反正多運動、少吃，對身體的好處大於壞處。

美或帥，並沒有標準答案

我記得之前我們一起看電視劇《想見你》，因為有一段我沒看到，你要幫我重點回顧的時候，你就說那個比較帥的誰（許光漢飾演的角色））怎麼了，我突然意識到，原來你心中也有一把顏值的尺，而且這把尺還蠻吻合社會共識的。後來我們一起看《我吃了那男孩一整年的早餐》，我都還沒有點評周興哲的外表，你就說這個男主角不帥，那個《想見你》的男主角比較好看，甚至連男配角都比這部電影的男主角帥。

我不能怪你有這樣的評價，因為其實我心中也這樣覺得，我還很壞的認為，周興哲就該好好唱歌，不該跑來演戲。但是，我必須說，我們這樣的想法不太好。因為美這件事，不應該有所謂的正確答案，連希臘的大哲學家們，對於什麼是美都沒有共識了，就表示這事情沒有那麼簡單。我們之所以會覺得怎樣是美，跟我們從小的養成是有關係的。如果你從小學到的美，和主流價值是不同的，那麼你認為美的，可能就會和其他人的不同。

就像這幾年，在歐美時尚界有一個省思，過去走秀的模特兒都是以身材纖細著稱，因為大家覺得這樣才是美。但是，不少模特兒為了要保持纖細的身材，都不敢多吃東西，甚至因此有了飲食障礙，或是精神上的困擾。所以，後來就興起了改革的風潮，甚至刻意不讓 size 0（歐美女性服飾最小號的尺寸）的模特兒走伸展台。

我希望你可以不要被社會主流價值觀所影響，而是可以想辦法看到自己，或是別人的美。蔡依林有一首歌《怪美的》，歌詞就在講這件事：

聽誰說　錯的　對的
說　美的　醜的
若問我　我看我說
我怪美的

看不見我的美　是你瞎了眼
稱讚的嘴臉　卻轉身吐口水
審美的世界　誰有膽說那麼絕對

真我　假我　自我

看今天這個我　想要哪個我

有自信比有美貌更重要

雖然我認為美不該有固定標準，但我不否認自己也會認同主流的帥哥、美女確實是很帥、很美。**但我之所以會有這樣的感覺，不單純是因為他們符合主流的價值觀，而是因為他們通常很有自信，就讓人覺得他們很帥、很美。**

我看過一部電影《姐就是美》，劇情講一個對自己外表不自信的豐滿女子，有一次在健身房昏倒之後，她以為自己變成了大美女，就變得很有自信。但是，她的外表其實沒有改變，變的是她自己的心態。雖然這是電影中的劇情，但我覺得事實也是如此。**很多時候，是我們自己的心態影響了我們的行為舉止，我們的心魔才是最大的障礙。**

我記得我小時候有一件外套，因為上面有一個破洞，你的奶奶就幫我縫了一個布標籤遮住那個洞。雖然洞被遮住了，但是我心中有一個疙瘩，所以每次穿那件外套的時候，我都會刻意遮住那個洞，動作都怪怪的，深怕別人發現那個洞。後來我換了一件新外套，這種沒自信的感覺就完全消失了，我自己也覺得很神奇。

所以，與其執著於自己能否符合社會主流的價值，你更應該做的，是認識並且接受自己的優缺點。當你可以這麼做的時候，你就會發現自己是很有自信的。

爸爸的建議

在成長過程中的某個階段，我們都有可能對自己的外表沒自信，雖然某部分可能是因為自己外表的一些特徵造成的。但是，主要的原因根本不是那些特徵，而是我們自己的心魔。因為我們只看到自己不如別人的部分，而沒有意識到自己其實也沒有太糟糕。更重要的是，我們可能都忘了，一個人的外表根本不是最重要的，一個只有外表美好，內心卻不善良的人，也不會受人歡迎的。

1 不用羨慕別人的外表。

每個人都有自己的特色，與其去模仿大家認同的帥哥、美女，你更該做的，是發現自己的特色，這才是重要的。就像有一個牙膏廣告，提到一位顏面受損的男子，在生活中處處被排擠，但是他並不氣餒，還是努力過生活。後來他靠著自己擔任DJ的天分，用音樂征服了大家的心。

2 外表不是完全不需要打理的。

雖然我不認為你要把自己的外表調整成符合主流的價值觀，但一個人還是需要重視自己的外表。畢竟多數時候，人們看到你的第一印象，會大大影響他們對你的觀感。如果你給別人的第一印象是好的，他們很有可能會覺得你是一個很棒的人，反之亦然。穿著整齊、不邋遢，是很根本的原則；雖然這某種程度上也是一種刻板印象，但人就是這麼膚淺，你若覺得自己想要很波希米亞風，那也只能承受別人對你可能會留下不好的第一印象。

3 提醒自己不要以貌取人。

別人很容易會以貌取我們，同樣的，我們也很容易以貌取人。研究上就發現，外表符合主流價值的人比較受歡迎，也比較容易被友善對待。要跳脫外表的影響，真的要刻意提醒自己。**如果你發現自己還沒辦法做到，也不要覺得太有罪惡感，你只能提醒自己，要盡量看到別人的內在，並且看到他們的優勢。**

我覺得人真的都很膚淺，至少第一印象是如此，所以我希望你可以的話，至少做到讓自己的外表不要太突出，尤其是負面的那種突出。我們都不希望被別人以貌取人，但不是所有人都有機會跟你好好相處，因為認可你，而願意跟你交朋友的。所以，你還是可以為自己的外表做點努力，畢竟璞玉如果沒有被琢磨，也不會變成有價值的寶物。

有個學生在我變瘦的時候對我說過一句話。她說，「老師，我以前都覺得外表不重要，但是看到你變瘦前後的差異，我覺得外表還是重要的。」聽到她這樣說，我只能苦笑，但我自己也知道，外表真的很容易影響我們對人的觀感。所以，如果你希望自己可以不用那麼努力，就能獲得別人的認可，或許可以在自己的外表上也下一點功夫，就能事半功倍了。不過，你的基因還不錯，只要不把自己搞得太邋遢，就算胖胖的，也會是個胖帥哥啦～

如果可以改變自己的外表，你會做哪些改變？為什麼？

7 跟別人不一樣，可以嗎？

親愛的：

那天你在聽《玫瑰少年》，我問你為什麼選這首歌，你說這是音樂老師要你們練唱的歌曲。我接著問你，「老師有告訴你們這首歌的故事嗎？」你很有自信的說，「是指這首歌是蔡依林和五月天一起寫的詞，所以他們都有唱過嗎？」我搖頭說，「不是啦，是關於這首歌創作的背景。」你搖搖頭，好奇的問我，「這首歌有什麼特別的嗎？」

我問你，不覺得歌詞有點在控訴，因為有人被欺負了，他不能照自己的方式來過生活。

誰把誰的靈魂　裝進誰的身體
誰把誰的身體　變成囹圄囚禁自己
亂世總是最　不缺耳語
哪種美麗會　喚來妒忌
你並沒有罪　有罪是這世界

我接著告訴你，這首歌是講二十幾年前一個屏東的少年葉永鋕生前的故事，他因為比較女性化，常常被同學排擠。最後，被別人攻擊，重傷身亡，因而引起廣泛的討論。你聽了之後有點訝異，因為你覺得這是那個人的自由，如果他沒有傷害別人，為什麼別人要傷害他。聽到你這樣回答，我感到很欣慰，因為你在看這件事情的時候，沒有被偏見所蒙蔽。

因為我最近剛好看了臺灣國際藝術節的一場表演《Judy秀：美可敵國》，這是一位變裝皇后的歌舞秀，他透過兩百多年的美國流行音樂，來回顧美國歷史上的重大事件，特別是跟LGBTQ族群有關的部分。當中他設計了一個橋段，服務人員發給每位觀眾兩顆乒乓球，接著他告訴觀眾要想像我們都是恐同的人，而他和另一位觀眾是同志，他要我們拿這些乒乓球往他們身上砸。一開始大家有點猶豫，不確定是不是該那樣做，後來看到有人丟球，全場的觀眾都很認真的往他們身上砸。雖然氣氛是歡愉的，但一想到這是一些人的日常（不一定是被丟乒乓球，而是被人莫名惡意對待），就讓人笑不出來。

雖然我們沒有正式聊過性向這件事，不過從言談中，感覺你應該略知一二，而且並沒有把這件事情標籤化。我記得有一次你說兩個男同學在怎樣，態度比較是搞笑的，而不是覺得他們怎麼那樣，好噁心。其實不管性向也好，或是因為外表或行為舉止而跟別人不一樣，都是每個人的基本人權，我們都該尊重。只要這個人的行為舉止沒有惡意傷害其他人，我們也不該惡意傷害他們。

每個人都是獨特的，你該找到自己的樣子

一個包容的社會，不是要把所有人都變成一個樣子，而是要讓每個人都能夠用自己舒服的方式來過生活。去年暑假我去哥本哈根出差，有一個下午去拜訪了有名的自由城，這是在市中心的一處民眾自治區，在裡面你會看到很多特別的人、建築

等等的。我必須說，即使做了很多的心理準備，當地的友人也跟我做了介紹，我進去的時候，還是非常的不安。因為這裡的氛圍實在太獨特了，牆壁上很多塗鴉，到處都是奇特的展示物，看到的人完全不像你在自由城外看到的丹麥人。**我想自由城之所以能夠存在，而且是長久的存在，跟丹麥社會的包容有很大的關係，因為他們尊重每個人的人權。**

反觀在臺灣，很多時候我們會為了和諧，為了要讓大家做事情感覺更有效率一些，就會有意無意地要求那些異己委曲求全。就像有些身心障礙者，很努力想要靠自己的力量維生，但是在職場上往往會因為動作比較慢，或是事情沒辦法做到那麼盡善盡美，而受到歧視。然而，如果這些人不能夠靠自己的力量來過生活，就變成是社會要來承擔，結果並不會更好。所以，現在有不少庇護工廠的存在，都是希望可以讓身心障礙者在一個相對友善的環境，善用自己的專長來謀生。

你在外人的眼中，或許沒有什麼獨特之處，至少不會因為某種表徵，而被別人標籤化。但是，我鼓勵你可以在不影響他人的前提下，不要害怕當個與眾不同的人，不能因為大家覺得對，你就盲目地認為那是對的。**如果你認同某個價值，在捍衛這個價值的同時，也要尊重其他人不同的價值觀；你要提醒自己，你沒有權利，**

也不應該要改變其他人，每個人都是獨立的個體。

跟別人不一樣或許會比較辛苦，但是值得的

雖然你現在還沒有特別反骨的行徑，但若這一天到來，我可能也不會太意外。因為，我和你媽媽都不是乖乖牌，我們都不是那種人云亦云的人，我們都比較傾向去看到事情的本質，而不是直接認同多數人是怎麼想的。就像我們之所以一直沒有買房子，某部分就是我覺得房價太不合理了，為什麼有些人可以靠投資房子來獲利；對我們來說，居住是一種基本權利，不應該有人利用這件事情來牟利。即使周邊的親友常會說，你們怎麼不買房子，我們也沒有動搖。

又或者像你媽媽，因為在職場上不太順利，沒有辦法發揮自己的長才，就選擇離開自己的崗位。在一些親友的眼中，他們不了解為什麼她要放棄高薪的工作，為什麼要跟自己過意不去。雖然要承受這些輿論壓力，會讓人不舒服；但你媽媽因此可以做自己感興趣的事情，過自己想要的生活，其實是讓很多人羨慕的。

所以，勉強自己，讓自己跟別人一樣，看起來或許比較輕鬆，但是，到最後不

一定會讓你比較沒有壓力，因為你必須為難自己去做自己不想做的事情。就拿性向來說，研究發現出櫃不只會帶來好處，也會帶來一些壞處，但整體來說，對當事人是利大於弊的。與其隱藏自己真實的樣貌，直到哪天無法承受那個壓力才突然做出轉變，還不如一開始就讓人知道你是一個獨特的存在，慢慢贏得別人對你的尊重。畢竟多數人內心其實都是明理的，只是因為遇到自己不熟悉的狀況，會本能性的有防衛機制，讓你覺得不舒服。但是，只要彼此互相尊重，那麼這些都是一個過渡，沒有什麼需要擔心的。

我們的社會喜歡大家順從，喜歡乖的人；但是，若沒有想清楚自己為什麼要當一個乖乖牌，就盲目去當一個乖乖牌，並不是一件好事。更何況，很多時候別人希望我們乖，其實是要利用這一點，來做一些不好的事情。與其當一個乖乖牌，我認為當一個自己認同的人，是更為重要的。

1 抱持開放的態度。

成長過程中，你一定會遇到形形色色的人，我希望你可以對那些看起來不一樣的人事物，都能夠有多一點的包容，不要在還沒有認識之前，就幫他們貼上特定標籤。**你不一定要認同那些價值，但是你要尊重認同那些價值的人。**若每個人都可以這樣做，那麼我們的社會一定會更和諧，也不會發生那麼多霸凌事件。

2 不要太在意旁人的眼光。

別人會注意你，不一定代表你就是不好的，通常那是表示你的行為舉止超乎他們的預期。所以不要因為別人注視的目光，你就覺得自己表現不好，或是自己做錯了。當然你也不該完全忽略別人的目光，無視他人的存在。你可以嘗試用一個第三者的角度，來看看別人怎麼看待你的這件事，然後反思為什麼他們會有這樣的舉動。

3 活出自己的價值。

每個人在社會上都有自己的價值，你現在可能還不知道自己可以扮演怎樣的角色。你可以從自己在家中能扮演的角色當作起點，也可以想想在朋友之間你可以做點什麼，一點一滴累積你對自己的了解。或許，你就會找到自己的那個位置。千萬不要看到大家都在做什麼，然後在自己沒有想清楚的情況下，就覺得自己也要跟他們做一樣的事情。

多數時候，你是一個嘴巴很緊的小孩，很多事情都不會主動說。但有的時候，你又會大放送，很主動跟我們講一些我們都沒想過的事情，像是有次你主動報名參加學校的演講比賽，你在比完之後才跟我們說。我不敢說自己沒偷偷想過，你哪天會不會跟我們講一些很勁爆的事情，但我也不知道該怎麼做準備。我只提醒自己，不管你告訴我們什麼，我一定都要先裝酷，然後耐著性子聽你說說你的想法。

我希望你知道，我和媽媽沒有希望你一定要長成什麼樣子，但我們希望你可以找到自己的位置，哪怕這個位置有點獨特，都是一個好的位置。我們已經準備好隨時都要做你最好的後盾，所以不要有太多顧慮，勇敢做你自己。

你一定做得到的小行動

你希望別人可以看到你哪個方面是跟多數人不一樣的？為什麼？

8

我只能做好事，不能做壞事嗎？

親愛的：

不久前有一則新聞，三重某個回收站突然起火，後來發現是兩名高中生縱火所造成的。這兩名高中生對警方宣稱，他們並不是故意要縱火，只是因為無聊，所以用打火機點燃紙杯，丟到回收站。那個時候，一起看新聞的你對我說，「他們根本是喜歡惡作劇，說無聊只是藉口罷了。」

聽到你這麼篤定的語氣，反倒讓我感到好奇了，我問說：「難道你們班也有喜歡惡作劇的人？」你點點頭，說有一次上完游泳課在盥洗的時候，有人故意去開某個同學盥洗室的門。但是，因為沒有人承認是他做的，結果全班男生都被叫去罰站。我接著問

你，「那你覺得惡作劇的人，為什麼會想要惡作劇？為什麼有些人會想要做壞事？」

你面對我的轟炸，顯得有點無力，而且很想要趕緊打發我，就說「我怎麼會知道？」我在問你之前，早就預料到你會這樣回我，所以我已經想好要怎麼用你曾經做過的事情來質問你。我說，「你告訴我一下，為什麼你那次要故意把弟弟的東西拿走，為什麼你會想要做壞事？」你滿腹委屈的說，「這還不是因為弟弟之前也有拿我的東西，我只是以其人之道還治其人之身罷了。」我說：「所以你的意思是，如果別人沒有做壞事，你也不會做壞事，你完全都沒有想要做壞事的念頭？」你遲疑了一下之後點點頭，但身為爸爸的我才不相信，只是我一時也沒找到好例子來打臉你，只好暫時放你一馬。

雖然我們都不願意相信人會主動做壞事，但我必須告訴你，這個想要故意做壞事的念頭，可能是天性。在《惡意如何帶來正義》這本書當中，就提到了一些動物會故意做一些對自己沒有好處，對他們也沒有好處的事情。雖然說，只要對我們的壞處沒有比對別人的壞處多，某種程度上就可以算是對我們自己有利的。但是，這種寧願玉碎也不願意瓦全的心境，真的不是那麼容易就可以說明的。

而且，我也要提醒你，**有的時候我們覺得別人故意害我們，事實並不一定如**

此。比方說，你可能覺得我們常管你東管你西，真的很煩。但是，我們的出發點，其實是想要做一些對你有好處的事情，而不是故意要害你。相對的，有些看起來在對我們好的人，可能也不是那麼好心，而是心懷不軌，想要利用我們，或是等著要對我們做一些不好的事情。

什麼是好事、壞事，由誰定義？

雖然你可以能會覺得，事情的好壞很容易區分。但是，我要告訴你，其實並沒有那麼簡單。就像很久以前，為了避免大家得到肝炎，所以政府鼓勵大家使用一次性餐具，若商家提供一次性餐具，就被認為是做了好事。然而，在重視環境永續的現在，如果商家還提供一次性餐具，就會被認為是做了壞事。

一件事情究竟是好還是壞，除了受到大環境的影響之外，也會因為你究竟是從誰的觀點出發，而有截然不同的感受。比方說，之前缺蛋的時候，有一個家庭主婦為了要讓全家人有蛋可以吃，就囤積了很多雞蛋，對她的家人來說，她是做了好事，而對其他也需要蛋的人來說，她就是做了壞事。

我再分享一個會讓你感到意外的例子，就是如果我們身邊有朋友長期看起來悶悶不樂，我們應該本能的都會想要去做點什麼，讓他可以開心一點。但是，對這些人來說，他們可能已經習慣了這種生活模式，與其要強迫自己多做點讓自己開心的事情，還不如接受自己就是不會開心，後者對他們來說反而比較容易。若我們強迫他們做出改變，對他們來說未必會比較好。所以，我們千萬不要以為自己在幫助別人，有的時候，我們自認為在助人，實際上卻傷害了對方。

等你未來出社會，就會發現區分好事、壞事，真的不是那麼單純的。像是有些主管，會要求員工做一些不合法的事情，員工如果不照做，究竟他是做好事，還是做壞事呢？就像有的時候，一些社會案件在審理的時候，法官的判決和社會期待相違的時候，大家就會罵那個法官是恐龍法官。但實際上，法官是依法做判斷，有些事情從法律的觀點來看，可能和大家想像的不一樣。

重點是你為什麼想要做那樣的事

因為到底什麼是好事，什麼是壞事真的很難判斷，你也沒有必要覺得說，自己要多做好事，盡量不要做壞事。**你該做的，是在自己做任何事情之前，都要很清楚的知道自己為什麼要這樣做，不論那件事情在你眼中是好事或是壞事。知道自己為什麼而為，是很重要的**。如果只是看到別人這樣做，自己就不假思索地模仿他們做同樣的事情，那是很不好的。就像如果你因為別人都排擠某位同學，你就跟著排擠他，而不是因為自己真的討厭那位同學，所以排擠他，那麼就不好了。但是，若你是因為那位同學曾經傷害你、對你做了不好的事，所以你不想要理會他，那還算是合情合理的做法。

如果你發現，你做事情的初衷，都是為了要讓自己可以得到好處，也不用覺得難為情。因為，人做對自己有好處的事情，是天經地義的，只要不是為了得到什麼，而不擇手段，基本上都是可以被接受的。有些人或許會比較考慮他人的需求，這也是他們的選擇，你真的沒有必要因為這樣而有罪惡感。只要是有意識的去做事情，我覺得都是好的。

但如果是長期、有意識的漠視或是侵犯他人的權益，就是需要處理的。有這樣行為的人，通常有反社會人格特質，若不及早處理，那麼後續的問題會相當嚴重。不知道是否因為現在的生活壓力大，有反社會人格特質的人似乎變多了，不然就不會有那麼多駭人的社會新聞。

如果可以，我當然會希望你多做些你認為「對」的事情，即使這個不見得是所有人認為是對的。我會覺得至少你過了自己那一關，那麼也不用在事後覺得自己怎麼那麼糟糕，陷入一個很有罪惡感的情境。

1 想清楚後果再去做。

因為連我自己都知道，我有時候會故意去做一些傷害別人的事情，所以我不會認為你一定只能做好事，不可以做壞事。但是，不論是好事或是壞事，我都希望你可以想清楚，自己做了之後會帶來怎樣的後果。

2 自己要承擔後果。

除了預想會有怎麼樣的後果之外，更重要的是，你要有能力可以承擔那個後果。你不能很任性的以為，別人還要為你的行為負責。雖然在我們的社會，瀰漫著一種父母也要為孩子的行為負責的氛圍，但我要提醒你，誰捅出的婁子，就該由誰去承擔主要的責任。

3 若可以的話，還是多做好事。

雖然我一直強調，我沒有認為你一定只能做善事。但是，如果可以的話，多做善事，還是好的。因為我們永遠不知道，自己哪天也需要別人對我們釋出善意。若每個人都可以多做善事，每個人的生活都會更美好的。

爸爸的心裡話

如果可能的話，我希望你頂多只有一些小惡，而不要做出大惡。因為人是群居的，我們都需要彼此，若我們都只想要彼此傷害，而不是互助，我們終究會迎向滅亡。而且，若故意做壞事，我們還是不由得會有罪惡感的。若你不希望自己的良心不安，還是少做壞事。

另外，我也希望你可以理解，當我們做了一件好事，不一定會被所有人稱許，甚至有些人會覺得我們在做壞事。這個時候，你不要感到氣餒，只要你知道自己為什麼會這麼做，就不用覺得不好意思。但是，若你經別人提醒，發現自己確實有不周全的地方，那麼就勇敢承認錯誤，做修正並且彌補你造成的傷害，那就該原諒自己不經意的過失。

你一定做得到的小行動

回想一件你做過的好事，你當時為什麼會想要做這件事呢？

PART

2

關係篇

你總是質疑——

為什麼「爸媽這麼囉嗦」？

為什麼「大人說的就對，我說的就錯」？

為什麼「總有人愛說閒言閒語」？

為什麼「那麼多不公平」？

為什麼「交朋友那麼麻煩」？

親愛的孩子，我想跟你說……

1 爸媽怎麼都那麼囉嗦？

親愛的：

我昨天晚上回家的時候，問你作業寫完了沒，你氣呼呼的反應讓我有點詫異。因為我自認詢問的語氣沒有不好，而且在我問你之前，你看起來心情也沒有特別差。後來你媽媽才說，她之前已經問過你了，而且你已經告訴她作業早就寫完了。我想告訴你，如果我知道媽媽已經問過你，我一定不會再問一次。如果真的問了，那應該是我老了，才會明知故問。

但是，有的時候，明明是我們都沒有問過你的事情，你一聽到我們開口，就馬上板著一張臉，感覺就是想要我們閉嘴。就像那次我問你要不要去聽一場演講，你

連演講的題目都還沒聽完，就用一種不是很友善的語氣說：「不要！」當下，我是有點受傷的，我在想，為什麼你會有這樣的反應。

我唯一能想到的，就是愛利克・艾瑞克森（Erik Erikson）的發展理論，他認為青春期最重要的課題，就是自我的定位。**相較於被照顧，青春期的人們更渴望能夠成為一個獨立的個體，所以不希望有人管。**如果可以找到自己的定位，也才會進到下一個人生的階段；倘若對自己的定位不清，就會陷入自我發展的困境中。

不過理論歸理論，要我這個做爸爸的看開一點，其實沒有想像中容易。我還會自以為是的告誡你，你爸媽都是念心理學的，你不要以為你可以逃出我們的手掌心，你在想什麼，我們都知道！但其實我講這句話的時候，是有點心虛的，因為就算是一位心理學博士，或是一位資深心理師，也沒辦法完全了解一個人。

我很希望你能夠知道，為什麼我們會那麼喜歡問你問題，那麼喜歡管你（雖然我覺得我們是在表達關心）。原因沒有別的，就是我們希望你可以好好的。我承認這聽起來很老調，我自己在青春期的時候，也不能體會你爺爺、奶奶同樣的心意。

我記得當時自己心裡想著的是，「你們幹嘛一直問，我該做的事情，自己會做好。」有一件事情我印象非常深刻，就是在我要進入師大附中就讀之前，你的爺爺語重心長的跟我說，「你以前在國中都是前幾名，上了高中可不一樣。因為同學跟你的程度是比較接近的，千萬不要因為自己考不到前幾名就感到挫折。」

當時我心裡想，「我好歹也算是差一點點就可以吊車尾上建中的學生，幹嘛在那邊講這種話。」我承認當時的我也沒有太多好的念頭，更不可能覺得你爺爺這樣問我，是希望我可以不要適應不良，要繼續好好的。所以，理性的我，可以理解你為什麼覺得我很煩。但是，人終究不只有理性的一面，感性的我，就會忍不住要多問上你一句，比方說前幾天氣溫下降，我就脫口問你：「怎麼不多穿一點？」明明心裡知道，你即使在寒流來的時候，也是短袖短褲，也不見你身體微恙。

我們也在練習，怎麼表達關心

你可能不知道，有時候我會跟媽媽討論，我們究竟要怎麼做，才不會讓你覺得我們很煩，但這真的很不容易。就拿放風箏當例子好了，放風箏的時候，我們可以依據風的強度以及風箏的高度，才覺得該施多少力。可是，面對你這個青少年，我們還不知道怎麼做才是最合適的。因為你心情好的時候，幾乎無話不說，對於我們的各種提問，也都有問必答。但是在你心情不好的時候，即便是一句問候，在你聽來也是一種囉嗦。

我知道人是很容易受到情緒影響的，只是成年人額葉發展比較成熟，會知道不能因為自己心情不好就牽連周邊的人。就像有次我剛得知申請的計畫沒有通過，心情其實很低落，那天晚上你抱怨我怎麼又忘了把你的球拍拿去換線，我也沒有對你發火，而是跟你說抱歉。不過，有一次你在我手機當機的時候找我問數學，被我隨意打發走，那就是我遷怒了。

因為知道不要被自己的情緒牽著走很難，所以我在跟你互動之前，也會多觀察一下。如果發現你看起來臉臭臭的，我就會想辦法避免跟你直接互動，或者改為把要對你說的提醒寫在便利貼上，然後貼在你的門上。可是，如果你突然來個態度大轉彎，我們的反應跟不上，也是沒辦法的。

其實囉嗦和關心是一體的兩面

有次你看到奶奶叫我多穿點衣服的時候，我面有難色，還跟她回嘴。我注意到你那時候有種興奮的感覺，你對我挑了挑眉，我馬上就知道你想表達的意圖。當下立刻收起自己的臭臉，把衣服穿上，順著你奶奶的意。接著，換我對你挑眉了，讓你知道我有好好回應我母親的囉唆，所以你自己也要好自為之。

其實，你仔細想想，囉嗦和關心其實真的是一體的兩面。如果一個人不關心你，他根本就會把你當空氣，才不會想要管你究竟是好好的，還是不太好。就像你那個好朋友，不是常常會傳訊問你一些很枝微末節的事情，我也沒有聽你說他很煩。或許有，但你說他很煩的那種語氣，跟你覺得我們很煩的語氣，是不太一樣的。你對朋友的那種煩，是帶著一點玩鬧的感覺，而對我們的煩，則是帶著一種生氣的感覺。

如果你願意換個角度來看待我們對你的囉唆，或許你就會有不同的感受了。比方說，當我們問你作業寫完沒，不要覺得我們在管你，你可以換個角度想想，我們其實是關心你會不會沒有足夠的時間休息。我相信，當你願意換個角度去想的時候，就會有截然不同的感受。

換個角度思考這個做法其實很好用，你平常心情不好的時候，也可以用這樣的方式來幫助自己。比方說，你可能因為打球一直打不贏某個對手而氣悶，你可以換著角度想，可能是因為他的球拍比你好，所以你才會打輸他。雖然這有點逃避心態，但是這樣想的時候，你就會比較釋懷，不會那麼糾結於自己輸了這件事。

當然，我知道就算是關心，太多的關心或是不恰當的關心，也會讓人覺得不自在。所以，如果你願意的話，你可以讓我們知道，你希望我們給你怎樣的關心。我們就會盡量配合你，讓你感受到我們的關心，而不是囉嗦。

我相信，只有很少數的人會喜歡被別人當成是一個囉嗦的人。也就是說，當你覺得我囉嗦的時候，我其實也不開心。若你讓一個人不開心，你覺得這個人怎麼和你互動呢？他肯定也不會想要對你好，對吧！

所以，下次當你覺得我或媽媽很囉唆的時候，你若直接嫌我們煩，你就輸了！我建議你可以這樣做：

1 超前部署，不要讓我們有開口的機會。

如果你願意的話，你可以在做事情之前，先想想我們可能會怎麼「關心」你，然後超前部署一番。像是你若想跟朋友出去玩，你知道我們一定會問你要跟誰去、去哪裡、什麼時候會回家，你就直接告訴我們：「我要跟某某某去學校打籃球，預計晚上九點回家。」如果你這樣說，我們得到了所有需要的資訊，說不定還會主動掏錢給你和同學買飲料喝呢！

2 先禮後兵。

你可以心平氣和的告訴我們，你聽到我們的叮嚀了，你也知道我們在表達對你的關心。可是，你對這件事情有怎麼樣的想法，你想要自己試試看，希望我們可以給你一些自由度，不要一直想要插手。

3 耐住自己的性子。

我知道被念的時候，肯定會很不爽，會本能地想要回嘴。但是，如果你在我們囉嗦的時候，有了不悅的反應，那你就輸了。因為就算你是對的，我們還是可以因為你的態度不好，好好數落你一番。換句話說，如果我們對你囉嗦的態度不佳，那你也可以抓著這個把柄來對付我們。

爸爸的心裡話

我知道自己的囉唆，有時候是因為對你不夠信任，擔心你是不是沒辦法自己把事情做好。我好希望被你反駁，用鐵的事實反駁，那我就可以告訴自己，該安心放手了，因為你可以自己把事情做好。

然後，我還是要提醒你，記得爸媽都念了心理學，我們真的比一般的爸媽更難纏一點。關於這一點，我建議你不要有太多小劇場，在那邊想「我到底該怎麼做，爸媽才會中計」之類的事情。你該跟我們直球對決，把事情攤開來講，效果會比較好。所以，如果你真的覺得我們很愛念，你就跟我們表達你有哪些不滿，我們可以好好談一些條件。我和媽媽都是守信用的人，只要這個條件是我們都能接受的，你就可以耳根清靜，我們也可以放心追劇。

你一定做得到的小行動

列出你覺得爸媽囉嗦的點，然後想一想，他們是不是其實有一些良善的動機。

2 為什麼大人說的都對，我說的都錯？

親愛的：

那天我們在看新聞的時候，看到某所高中有學生，因為沒有經過申請就訂購外食，結果被學校懲罰在校門口舉牌子。我順勢問你，「那你們學校有這樣的規定嗎？」你搔了搔頭回我說：「應該沒有吧！有同學是爸媽送午餐到學校，但是多數的同學都是吃營養午餐。」

我接著問你對於這件事情的看法，你木訥的表情讓我猜到，你剛剛根本沒有在看新聞。我就用我的觀點跟你說了這則新聞，你聽完之後，覺得這樣也沒怎樣，反正只是舉個牌子而已，有什麼關係。我聽了差點沒昏倒，因為你根本劃錯重點了，

重點不是學校怎麼懲罰，而是這些學生被懲罰這件事情到底是對的、還是錯的。

因為沒得到我想要的答案，我進一步問你的想法，如果違反了一個很莫名其妙的規定，結果被罰，你會怎麼想。你突然靈光一閃的說：「就像你規定我回家一定要先寫完作業，才可以玩手機，這樣莫名的規定嗎？如果是類似這種規定的話，那我當然會覺得很冤，雖然說是違反規定，但是這規定不合理，所以違反沒有關係。」

聽到你這樣的回答，我是一則以喜一則以憂，喜的是你現在判斷一件事情對或錯，已經不再是依據這有沒有違反規定，而會用你覺得事情是否是對的來判斷。讓我煩惱的則是，我不確定你是否真的能明辨是非。就拿寫完作業才能玩手機為例子，我覺得這是合理的，因為如果你先玩了手機，很有可能會沒辦法完成作業。保險一點的做法，應該是要先把作業完成，再去玩手機。

套用心理學家勞倫斯．柯爾柏格（Lawerence Kohlberg）的道德發展理論，你這樣的想法，大概只能算是道德前規期的第二階段，也就是利己主義導向的：若一件事情對自己是有利的，就覺得是對的；如果對自己是沒有利的，就覺得是錯的。因為先寫作業在你的觀點是沒有利的，所以你就覺得這是錯的。不過，我有時候也會反省自己的做法，究竟我是不是有一個很站得住腳的說法，才執意你應該要怎麼做，而不單純是因為我希望你可以那樣做，就要求你那樣做。不然，我跟你的道德發展，其實相去不遠啊。

有時候，你的思考尚欠周詳

我知道你不喜歡我管你，但是你也不得不承認，有時候我的做法比較好。像是前幾天，你又走路回家了，因為你找不到腳踏車的鑰匙。這件事情已經發生過不只一次了，而且幾乎每次鑰匙都是在家裡，也就是說，是你忘了帶鑰匙去學校。我告訴過你好多次，你回家的時候把腳踏車上鎖，那麼就算你早上要出門的時候找不到鑰匙，也不至於落得要走路回家。因為你會帶著你的悠遊卡，就可以搭公車上下學了。

可是，我講了很多次，你始終沒有採納這個建議。我猜可能是因為，你覺得反正走路回家也沒有多久；但是，要改變自己的習慣太麻煩了，而且早上出門如果還要找鑰匙，對你來說壓力太大了。關於這件事，其實我也早就提醒你一個解決方法，就是把鑰匙放在固定的地方，那麼就不會出現找不到鑰匙這樣的問題。

這只是一件很小的事情，但很多時候你的思考還不夠全面，所以就算覺得自己已經做了最好的決定了，也會因為考慮不周，而沒有得到最好的結果。我記得有次我們討論過這件事情，你有點不服氣的說：「考慮那麼多也沒有用，如果有一個突發狀況，那考慮再多不是也沒用？」聽你這樣說，我不是特別認同，但客觀來說，也有點難反駁你，因為我們確實沒有辦法百分之百掌握一件事。因為難免會有意外，難免會有一些我們沒有考慮到的事情。但是，多一分的準備，就可以少一分的不確定性，對我們還是有好處的。

而且，只要你可以因為之前的考慮不周而學到教訓，那也是好事一件。就像我在幫大家規劃旅行的時候，有時候會訂到很雷的住宿，像是那個冷得半死的農場民宿。但是，因為有了這些經驗，你有沒有發現，我訂的飯店越來越能讓你、媽媽還有弟弟滿意。所以，有時候我寧願你出包，也不要你因為僥倖而躲過一劫。因為出包了，你才會有比較深刻的印象，也才會覺察自己有什麼地方可以改進。

若你覺得自己是對的，可以提出來討論

雖然我常會本能地覺得自己是對的、你是錯的，但是我也必須承認，自己有時

候也是會犯錯的。我和媽媽都還算是明理的人，我們不會在自己犯錯的時候，還抵死不承認。只是，有的時候，我們會有盲點，沒有看到自己的錯。如果有這樣的狀況，請你不要猶豫，可以直接告訴我們。

但是，你要記得一件事情，我們跟你一樣，不喜歡被別人指正的感覺。所以，你可以想想要怎麼說，我們會比較願意接受。就像你不喜歡我們直接說你是錯的，我們也盡量避免那樣的表達方式。像是當我們覺得你複習的方式不好的時候，我會跟你打賭，看用你的方法能否考到一定的分數。在你沒有達成約定好的分數時，我才會帶著你去檢討有哪些地方出錯了。所以，你可以想想要怎麼說，讓我們能笑著接受你的糾正。

不過，我必須提醒你，事情的對與錯，很多時候是取決於你的出發點。就像一開始新聞中的那些高中生，雖然他們違反了學校的規定，但是學校制定這樣的規定，難道就沒有問題嗎？如果學校規定不是那麼繁瑣，或許那些高中生也不會鋌而走險，而會選擇照規定來訂購外食。

也就是說，當你想要糾正我們的時候，我鼓勵你可以多想想，最好是可以從我們的角度出發，想想看為什麼我們會有那樣的行為或是說法。你想要說服我們的時候，也可以請我們從你的角度來思考，或許你根本不用多說什麼，我們就會發現自己的做法有欠周詳，應該要採納你的做法。

我最近看了一本書《心適力》，裡面有一段話我很喜歡：

無論是職業道路或是個人決策，都有許許多多路徑，很少會有明確的「正確」選擇，即使是事後看來。這和你在學校或大學參加考試很不一樣。……日常問題就不同了，可能有「錯誤」的答案，但也可能有好幾種「正確」的解決方案。

我覺得這段話真的講得太好了，所以我也不怪你會對於對錯有這樣二元論的看法。但是，多數時候真的沒有所謂的對或錯，我們以為的對，只是因為我們採取的觀點看來是如此罷了。所以我要建議你：

1 先換個角度思考。

很多你以為對的事情，換個身分就不一定會認為是對的了。比方說，你可能很喜歡玩手遊，覺得可以想玩多久就玩多久是對的。但是，若你把自己角色和我做交換，或許就不會覺得一直玩手遊是好的。

2 思考兩個論點真的不能並存嗎？

這或許有一點難以想像，但是很多時候，我們的論點背後可能有很大的共通性，只是切入的觀點不一樣。所以，你可以先從共同點下手，然後找出對立的癥結，或許就會發現，其實我們的想法沒有那麼大的差異。你也有可能在過程中突破盲腸，找到一個你認為我們雙方都能接受的做法。

3 該接受還是反抗。

有的時候，可能我跟你的想法就是不一樣，而且我們彼此都沒有想要退讓的意思。那麼，就有人要做選擇了。你選擇要接受或是反抗，都各有優缺點，這就是你需要評估的。我只想提醒你一件事情，就是人都是很不理性的，今天被別人占了便宜，改天一定會想辦法占回來的。所以，不要以為抗爭成功，就沒事了。很有可能在之後，你才會需要為此付出代價！

其實爸爸一直都是一個反骨的人，所以你常喜歡跟我唱反調，也算是一種遺傳。我嘴巴上雖然嚷嚷著你太自我中心，但實際上我知道，那是因為你承襲了我的性格。不過，我要提醒你，有時候你或許真的是對的。但是，這個社會運作的方式，並不是對的就會成功。因為到底什麼叫對，真的不是絕對的，一切都是相對的。

就像以前因為大家都樂於生小孩，政府怕人口增加太多，還鼓勵大家要節育。但是，節育政策用在高齡少子化的現在，就不是那麼正確的了。所以，與其去辯證誰對誰錯，你或許可以想想，怎麼樣截長補短，找出一個最好的折衷方案。

想一件你和父母有共識的事情，並且想想為什麼你們在這件事情上有共識。

3

為什麼要多交朋友，當邊緣人不行嗎？

親愛的：

前幾週你們去校外教學，我看到老師要求你們要分組，並且規定每一組至少要拍幾張合照給老師。因為你都沒有提過上了國中有什麼朋友，我其實有點擔心你會不會找不到組員。所以，你回家的時候，我就問了一下關於分組的事情，你一副很平常的表情告訴我，已經分好組了。我有點訝異，不過至少不是沒有組，所以都是一件好事。

你們校外教學回來後，我請你分享一些你拍的照片，結果所有的照片都是六福村動物的照片。雖然我很想知道你的朋友大概是怎樣的人，但如果繼續追下去，

感覺有點管太多了，所以這個疑惑只能繼續放在心上。後來，我時不時會想藉機了解你的交友狀況，但每次都得不到答案。就算旁敲側擊，詢問同學間是否會關心彼此，得到的答案也是，「大家都只管自己的事情」。所以，我們其實真的搞不清楚你的交友狀況。

因為你是一個比較慢熟的人，不像弟弟很容易就跟陌生人稱兄道弟，所以我們或多或少還是會擔心，你是不是沒有朋友。雖然從你過去的紀錄看來，你不是一個交不到朋友的人，而且你很能自得其樂，所以其實擔心你沒有朋友，是有點杞人憂天。

我回想自己小時候，雖然不算一個外向的孩子，但至少每個時期都有幾位朋友是家人都會知道的。可是，你從小到大，我們念得出名字的朋友，我想一隻手的手指都數不完。雖然這不一定代表你沒有朋友，有可能只是你不覺得有跟我們說的必要。但是，如果可能的話，我們其實也會想要多認識你的朋友一點。

我猜想，大環境的不同也是其中的一個原因。因為我們以前的休閒娛樂有限，假設家裡又沒有電視遊樂器，多數時候就會約朋友出去玩。可是現在不一樣了，你們有３Ｃ產品可以拿來玩遊戲，看各式各樣的影片，我相信若沒有人管你，你應該可以整天黏在３Ｃ產品前面，也不會感到無聊。

對同儕的需求，不該被取代

我知道現在時代真的不一樣了，你有很多方式可以讓自己不無聊。但是，交朋友，對於青春期的你來說，是很重要的事情。因為人都需要社交支持，如果不想要一直被家庭支持所限制，那麼你需要建立新的支持體系，和同儕間的社交支持，理論上就是那個體系。

或許是因為科技的影響，也可能是因為疫情的影響，似乎淡化了同儕體系的影響力。我不太確定在這樣的狀況下，會出現怎樣的發展，你們是否會有一段人際網絡的空窗期，或是有怎樣的質變，像是發展線上的同儕體系。因為相關的研究太少了，而且多數是用問卷調查，尚不清楚這個世代的青少年到底怎麼看待同儕間的關係。

之前我們意外發現你在Line裡加入了很多陌生聊天群組，我有點擔心，因為我覺得你很有可能會在裡面被騙。我問你為什麼會想要加入那種群組，你只是很單純的告訴我說，因為無聊。這樣有點背離了我們當時讓你使用手機，甚至幫你建立一個Line帳號的原因。我們原本是擔心，如果同學都有使用Line而你沒有，可能會影響你的人際關係，並不是希望你在上面交朋友。

網路上有太多騙人的事情讓我們擔心，所以我們對於線上交新朋友這件事，態度還是相對保守的。即使像我這麼常在網路上和陌生人互動，我也有過被別人騙的經驗，像之前我很想要買一個在荷蘭販售的米飛產品，於是在公開的論壇找到一個人，他願意跟我以物易物。結果，我的東西寄過去之後，他就再也沒有出現了，我當然也沒有收到交換的東西。我被騙了一點東西算是小事，有些少男、少女可能是賠上了自己的身體，那可是懊悔也難以彌補的。**所以在考慮你還沒有經歷過多少險惡的人際互動，還是先不要把太多重心放在網路社交，對你來說會比較好。**

若有可能，要結交多元類型的朋友

除了不該放棄交朋友之外，我也想要提醒你，可以多結交一些不同類型的朋友。這件事情需要刻意進行，因為我們都很容易跟自己同質性高的人做朋友，所以我猜想你應該就比較容易和球隊的同學成為朋友，畢竟打球不是一個人就能完成的，而且每週打五天的球都沒交到朋友，反而比較奇怪。

我自己過去也不太懂這件事的重要性，但在離開校園之後，就會發現我們要面對的挑戰實在太多了，如果多認識一些不同領域的朋友，就可以協助我們度過那些挑戰。不過，在當了心理系的老師之後，這件事又有些轉變。因為念心理系的學生有很多不同的職業發展，所以有什麼需要，我就會先盤點一下，是不是有哪個教過的學生是可以幫我忙的。你媽媽之前參加了一個成長團體之後，人際圈也大大擴展，不是只有同事和幾個媽媽以前很要好的同學。

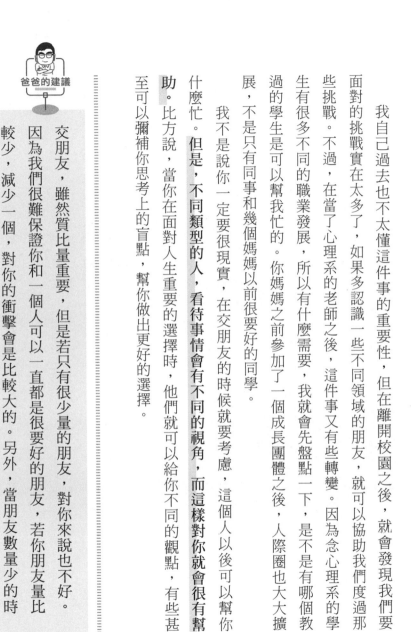

我不是說你一定要很現實，在交朋友的時候就要考慮，這個人以後可以幫你什麼忙。**但是，不同類型的人，看待事情會有不同的視角，而這樣對你就會很有幫助。**比方說，當你在面對人生重要的選擇時，他們就可以給你不同的觀點，有些甚至可以彌補你思考上的盲點，幫你做出更好的選擇。

爸爸的建議

交朋友，雖然質比量重要，但是若只有很少量的朋友，對你來說也不好。因為我們很難保證你和一個人可以一直都是很要好的朋友，若你朋友量比較少，減少一個，對你的衝擊會是比較大的。另外，當朋友數量少的時候，有可能你會在無形間太過依賴這位朋友，讓對方感到有壓力，可能會想要和你保持距離。

1 朋友是要經營的，不能只隨緣。

雖然說和一個人做朋友，應該要自然發生。但是，一旦一個人願意和你做朋友，接下來的部分就是需要經營的。如果你都沒有對朋友好，沒有約他一起做些什麼，那麼你們的關係就會漸行漸遠。如果這個朋友是你重視的，那麼你要花一點心力來經營。不過，交朋友畢竟是兩個人的事，所以如果朋友好像有點意興闌珊，那麼也不用勉強對方，這時候就可以隨緣了。人生很長，有緣份，終究會再次交會，只要不是因為誤會而分開，就沒必要太強求。

2 對等關係很重要。

朋友之間的關係，應該是平等的，而不該是誰尊誰卑，這點很重要。當我們比較沒有自信的時候，很容易會覺得要討好那些對我們好的人。但其實這樣的關係是不健康的，特別是當你們都是學生，理當沒有階級之分的時候。所以，如果你發現自己必須討好某些人，不然他就不想跟你做朋友，這樣的關係真的大可不必。

3 串聯不同的朋友，擴大自己的朋友圈。

除非你和另一個人的行程一模一樣，不然你們會結交的朋友應該多少會有一些差異。如果你發現自己在校外結交的朋友，和自己在學校裡認識的朋友，應該可以成為朋友的話，你可以約個時間，讓大家認識認識。如果你的朋友也會這樣做，那麼你的人際網路就會擴張，同時也會比較多元。

雖然你會感覺，我們比較看重你在學業上的表現，但實情並不是這樣的。因為我和媽媽都知道，課業跟其他事情相比，重要程度並不高。像我回想自己的大學生涯，發現我自己最大的收穫，就是結交了很多一生的朋友，而不是學到了什麼。當然我不是說課業完全不重要，而是想告訴你，交朋友的重要性並不亞於你的課業，只是比較少人告訴你這件事。

如果只能在成績好和結交莫逆之間做選擇，我寧願你在成長的過程中，

多收穫幾個好朋友。因為這些朋友對你人生的幫助，會比自己成績好還要多得多。不過，父母總是希望孩子可以得到最好的，所以如果兩個都有，當然還是最理想的。

你一定做得到的小行動

想一想，你為什麼會和某些人成為好朋友，背後的原因是什麼？

4

為什麼就是對我不公平？

親愛的：

那天你故意捉弄弟弟，被我懲罰了，你很不甘願的說，「為什麼弟弟捉弄我，你都不懲罰他；但是，我只要捉弄他，你就懲罰我。」我當下告訴你，「因為弟弟小你四歲，他還沒有你那麼懂事。更何況，他捉弄你的程度比較低，不像你力道那麼大，就算是在開玩笑，也讓弟弟被弄得有點痛。」你對於我這樣的反應，顯然非常不滿，然後就嘴巴念念有詞的躲進你房間。

後來，看你氣消了，我就問你覺得要怎麼做，你才會覺得公平。你就說，「很簡單啊～就是我們做錯事情要受到同樣的懲罰，不能給他優待。」我知道我不可能只

用弟弟年紀比你小來說服你，於是就拿法律上的例子來跟你分享，「一個未滿十八歲的人和一個年滿十八歲的人，如果犯了同樣的罪，你覺得他們受到的懲罰會是一樣的嗎？」你想了一下，然後說應該不一樣吧，因為成年人應該要為自己的行為負全部的責任！聽你這樣說，我就順勢問你，那為什麼你和弟弟犯錯，就要接受同樣的懲罰呢？你似乎知道自己上當了，就不想再繼續跟我討論這個話題。

我不知道你在學校是不是也有感受到自己被差別待遇。我在高中的時候，因為班上有位同學成績很好，很多老師都喜歡他，我就感到有好幾位老師對他另眼相待。也是在那個時候，我才意識到，自己念國中的時候可能也享受了很多優待，當時同學應該也都有所不滿。**有的時候，別人用不公平的方式對待我們，我們不一定會那麼敏感。因為我們有可能已經習慣被不公平對待了，並不會特別有感覺。**就像在這個社會上，即便到了今天，還是有重男輕女的狀況。不少女性因為長期受到不公平的對待，所以不會特別有不公平的感受。

還有另一種狀況，是為了要保障某些人的權益，結果反而塑造了另一種不公平的情境。就像之前有一位參加嘻哈比賽的參賽者，在創作歌曲中諷刺原住民即使有獲得加分，成績也沒有他高。對於原住民或是一些特殊族群的加分，有時候就會惹出一些爭議。又或者像政府對於中低收入戶的補貼，也常被人鑽漏洞，以至於有些人明明不是沒有錢，卻可以領取中低收入戶的補助。相對的，有一些人明明更有需要，卻因為某些條件不符合，而沒辦法獲得補助。

沒有真正的公平

其實不管是人際互動也好，或是非人際的互動也好，要落實公平，幾乎是不可能的任務。我看過一張圖片，有三個身高不同的男孩，站在同樣高度的箱子上，想要看圍牆外面的景色。雖然他們站在同樣高度的箱子上，但是只有身高最高的男孩，才能夠看到圍牆外的景色。這看起來公平，因為每個人都站在同樣高度的箱子上，但實際上卻因為沒有考慮到每個人原本的狀態，反而營造了一個不公平的情境。

或是像多數的運動競賽，都沒有考慮選手的身高、體重是有差異的，就讓他們一起比賽，這到底算是公平，還是不公平呢？之前有一位身障者，穿上了義肢參加田徑競賽，後來獲得不錯的成績，引起了一番討論。因為有些人覺得他裝了義肢參賽，並不公平，認為他的成績應該不能被計算。

雖然你從小到大，可能常被教育到，要公平競爭，或是被告知，因為要公平，所以有哪些做法等等的。但是，大概只有齊頭式的公平是真的，其他的公平，頂多都只是名義上的公平罷了。所以，與其執著於為什麼別人沒有公平對待你，你更該思考的是，這究竟只是你自己的感覺，還是那個人真的對你比較差。如果真的是那個人對你比較差，你就該想想，為什麼他會對你比較差呢？如果不是巧合，背後一定有原因，只是你可能不一定知道罷了。

像我有個學生，因為曾經被長頭髮的女生劈腿，他後來遇到長頭髮的女生就會顯得特別不友善，因為他會聯想到之前那個女朋友。類似這樣的事情真的非常多，你也可以問問自己，你是否都是用一樣的態度對待每個人。我猜想這應該是不可能的，因為人多少就是會有偏好，即使你會刻意提醒自己不要那麼做，你本能上還是沒辦法避免對人有差別待遇。

我們要的不只是公平

在行為經濟學裡，最後通牒實驗是一個常被使用的方法。在這個實驗中，參與者會被告知自己和另一個人有多少錢，那個人可以自由決定要分給你多少，若你選擇接受，兩個人就會拿到約定好的錢。但是，如果你拒絕他要分享給你的金額，那麼兩個人都會拿不到任何錢。從理性的觀點，不管那個人分給我們多少，我們都該接受。但研究結果發現，如果分配是不公平的，人們通常不會接受。而且在一些延伸版本的最後通牒實驗，還發現被不平對待的人，很常會選擇要報復。

從最後通牒的實驗結果，或許告訴我們公平真的很重要。然而對比你現在常會抱怨的不公平，若抱怨後只是獲得假象的公平，我並不覺得那會比較好。像是在美國，如果因為一個人的膚色而對他有不同的待遇，是會被告的。因為這樣，一些骨子裡對有色人種有意見的人，跟人互動就變得很不自然，他們並不是真心想要一視同仁，單純只是怕被告，所以沒有隨心所欲的說話、做事。

我想當你在抗議不公平的時候，其實也不是真的要追求公平，而是不希望別人獲得比自己好的待遇。只要別人的待遇比你差，你或許也不會在那邊嚷嚷不公平。可是，這樣就不是真的在追求公平了，而是在追求自己的利益。**當然，追求自己的利益也沒有錯，我們都希望自己可以獲得更多的好處，但是我們不應該拿著追求公平的訴求，來達到這樣的目的。**

如果你有領悟了這個道理，在和別人相處的時候，就可以刻意讓對方知道，你對他和另一個人都是很好的，只是因為他們有不同的需求，所以你用不同的方式來和他們互動。比方說，有些人喜歡你多花點時間跟他一起做事，有些人則是希望你在心裡常會想到他們。那麼，和這兩種不同的人互動，就不該用齊頭式的平等，而該客製化滿足他們的需求，這樣他們不但不會覺得你不公平，甚至會覺得你是一位很貼心的朋友。

爸爸的建議

追求被公平對待，看起來很合理，但實際上有點無理取鬧。因為每個人的狀態都不一樣、需求也不同，那麼，要給每個人同樣的東西，才叫做公平嗎？還是要讓每個人都有同樣的心理感受，才叫做公平呢？

1 看到自己的需要，而不是要一視同仁。

以人際互動來說，你不要因為別人對你和對別人的方式不同，就覺得不公平。你該問自己，你的期待是否有被滿足了。如果已經被滿足了，就不需要因為別人對另一個人更好，而覺得自己很委屈。

2 看到自己的付出，是否值得被好好對待。

人和人的關係是互相的，在我們抱怨別人對我們比較差的時候，我們也要問問自己，自己是用什麼樣的態度來對待那個人。你不可能期待自己對朋友很冷淡，卻希望朋友要熱情地對待自己。如果你希望別人可以對你更好一些，那麼就先從對他們好開始做起。我剛到英國的時候，其實不太和同辦公室的同學來往，因為我不知道要怎麼和他們交朋友。直到情人節，我準備了巧克力送給同辦公室的同學，就突然開啟了和他們互動的門，他們也才告訴我，他們其實很想跟我交流，但我一直都太酷了，讓他們不知道該怎麼做才好。

3 表達自己的期待。

如果你覺得你已經對別人很好了，但是對方還是沒有用你期待的方式來對待你，讓你覺得很受傷。那麼，你可以好好跟對方表達，讓他知道你覺得自己被對待的方式很不公平。不過，你要知道，並不是所有人都有義務要當你的朋友，也沒有義務要回報你對他們的好。若你發現在表達期待之後，對方還是冷漠對待你，就該適時放下了。

我年輕的時候，也常覺得自己沒有被公平對待，而且會因此感到很生氣。但是，現在年紀大了，我發現公平這件事幾乎不可能存在。**當你願意接受公平是不可能的，那麼在覺得自己沒有受到公平對待的時候，你或許就不會那麼難過。**

你也要有一個覺悟，就是你也不可能公平的對待每個人。所以，當別人用不同方式對待你的時候，先不要檢討他們，而要先捫心自問，你對他們的方式，是否本身就有差異。總之，練習不要先檢討別人，而是先反省自己的做法。

老實說，我其實寧願有些人對我壞一點，而不要虛情假意。因為當他們對我不好，我若對他們不好，就不會那麼有罪惡感。這不是厭世，而是練習斷捨離，畢竟我們的時間、精力都是有限的，我們能夠對別人的好，也有一定的限度。那麼，與其把這些均分給全部的人，還不如把自己的善意分給那些自己重視的人。

你一定做得到的小行動

回想一個讓你覺得不公平的事件，想想有可能怎麼改善，會讓你覺得是公平的。那麼，改善後，對於別人來說，是否有可能是不公平的呢？

5

我不能有偏見嗎？

親愛的：

有一天我和你媽媽說到，我去一間高中上課的時候，遇到一個妥瑞氏症的學生。一開始她突然打嗝發出巨大聲響的時候，我有點被嚇到，後來每隔幾分鐘就發生一次，我也就漸漸習慣了。我跟你媽說，班上的其他同學在聽到打嗝聲的時候，都沒有什麼特別的反應，我一方面覺得很意外，另一方面則是覺得這些同學很棒，並沒有因為她這樣的狀況而排擠她。

你聽到我們的對話，就突然冒出來說，你在才藝班也有一個同學這樣。聽到你這樣說，我很想知道你心裡是怎麼想的，就遊說你跟我分享。你說第一次發生的時

候，你也有嚇到，不過後來就習慣了。因為好奇青少年怎樣看待這樣的事情，我就問你，「你們會跟這個人相處嗎？」你說自己都和認識的朋友坐一起，不會特別想要跟他相處，但也不會故意躲他。但是你也提到，在才藝班上，有同學很明顯的在躲那個同學，因為有一次明明他已經坐好了，看到那個妥瑞症的同學要坐在他隔壁的位置時，他馬上就換了座位。

我都還來不及追問，你就說你其實有一個會故意想要排擠的人，那個人是你班上的同學，他很喜歡在上課跟老師唱反調，害大家都不能好好上課，所以你很不喜歡他。聽你這樣說，我好奇地問你這個人是不是人緣不太好？你點點頭，還不忘補上一句，「他在班上應該是沒有朋友吧。」

整理一下，如果這個人不是故意要影響你，你會願意接受他造成的干擾；但是，若這個人感覺是故意要搗亂，你就會不太爽，而且會採取行動。但是，有些同學的忍受度比較低，只要別人對自己造成干擾，就算那個人不是故意的，他們也不願意同理那個人的舉止。在社會上，確實有些人不太能同理別人，就像之前有一個智能發展遲緩的青少年，幫家人去買鹽酥雞，因為沒有帶夠錢，結果被店家為難。雖然店家後來宣稱因為看不出來這個青少年有特殊狀況，加上生意比較忙，所以造成了這場誤會。

但若店家對於客人有多一點的同理心，這樣的憾事應該就不會發生。

有偏見是很正常的

其實我們會對一些看起來跟我們不一樣的人有一些特殊反應，是合情合理的。因為，我們的大腦在接觸到陌生事物時，警戒系統會自動打開。你之所以沒有打開那個警戒系統，有可能是因為你沒有察覺到那個差異，或是你的警戒系統比較難被驅動，當然還有一個可能，就是你有意識的不打開這個警戒系統。

我看過一部電影《奇蹟男孩》，一個顏面傷殘的孩子，一直到了五年級，才第一次去學校上課。他的父母對於他要去學校上課，是有點掙扎的，因為他們很怕孩子會因為自己不一樣的外表，而被其他人嘲笑、排擠。但是，他們又不希望孩子終生都遠離人群，所以才讓這個孩子在心態已經比較成熟的時候，回到學校跟其他人一起上課。他上學的過程一開始並不太順利，還好後來有小朋友願意跟他做朋友，才讓他逐漸走出心中的陰霾。

所以，你若發現自己會因為一些人的特殊狀況，而會有點想要遠離或是排擠他

們，先不要急著苛責自己。你要想想，自己為什麼會有這樣的想法，以及是否有什麼做法，可以讓你減少這樣的念頭。就像在疫情嚴重的時候，如果有人確診了，我們多少會有點害怕他們。你的害怕可能是因為擔心自己有可能會被傳染，那麼只要搞清楚，曾經確診但後來快篩陰性的人到底還有多少傳染力，若發現其實幾乎不可能因為這樣而被傳染，你就要告訴自己，不需要害怕接觸這些人。

當然有的時候，你可能就是對別人的某些特性感到畏懼，你可以直接告訴那些人，你因為這樣的緣故，或許不能很自然的跟他們相處，請他們見諒，不要覺得自己被排擠，因為有問題的不是他們，而是你。就像有人天生就很怕蜘蛛，也沒有必要一定要他接納蜘蛛的存在，這樣反而是強人所難了。

留意隱示的偏見

有的時候，我們對於一個人或是有某種特徵的人，可能存在著一種偏見，但是因為這不容易被察覺，我們也比較難提醒自己，不要有這樣的偏見。像是我們的社會上，其實對於女性就存在著一種偏見。在《被隱形的女性：從各式數據看女性受到的不公對待，消弭生活、職場、設計、醫療中的各種歧視》這本書中，就提到了很多例子，有些我讀了也很驚訝，也才發現自己在無形之中歧視了女性。比方說，書中提到了辦公室空調溫度的例子，很多辦公室溫度的設定，是以男性的體感溫度為準，而因為男性的體感溫度比女性高，所以夏天冷氣會開比較強、冬天暖氣會開比較小，這都會造成女性的麻煩，像是在辦公室內都需要加一件薄外套之類的。

通常當我們自己不是被另眼對待的人時，往往不太會察覺自己已經被差別性對待了。就像我更年輕一點的時候，我根本就沒有發現，很多餐廳的滿意度問卷都有一個問題，就是他們會歧視中老年人。我會這樣說，是因為這些問卷通常會詢問填答者的年齡，但是往往在年輕的年齡層，都是五或是十歲為一個區段，但是超過四十歲，可能都被認為是同一群人，這就是一種歧視。

因為這些隱示的偏見真的很不容易察覺，很多時候你也不是故意要讓別人不舒服。你只要記得提醒自己，可以稍微再細心一點，多留意別人的狀況。若你擔心自己不夠細心，你也可以主動跟朋友說，如果覺得有被你冒犯的地方，可以直接告訴你，你會想辦法改善。

爸爸的建議

你可能覺得偏見不是一件很了不起的事情，但是很多時候，偏見會演變為對別人的霸凌，那就不是一件小事了。當然，要完全沒有偏見，真的需要付出很多努力，要時時提醒自己，不該用很直覺式的反應來跟人互動。因為有的時候，我們不經意的一句話，卻可能會讓別人感到很受傷。

1 用多接觸來降低偏見。

偏見的成因，主要是因為我們對這樣的人或某種特徵是陌生的，因而產生恐懼，進而形成對這些人的偏見。你若可以想辦法多認識這些人或這些特徵，那麼你就會知道，其實並不需要感到恐懼，或者你會知道要怎麼樣和這樣的人相處。

2 多看到別人的優點。

即使是那些你排擠的人，其實都還是有一些優點，有一些值得你學習的部分。所以，除了多接觸之外，你也可以練習欣賞這些人的美好。或許在過程中，你就會發現，其實這些人也很適合做朋友。國外有個實境節目《美女與宅男》，就是讓外貌姣好的女性和宅男配對，透過競賽的方式，強迫他們合作。不少美女都在過程中發現，原來那些她們敬而遠之的宅男，也有很多優點，甚至是很浪漫的。

3 設定自己的底線。

要當一個完全沒有偏見的人，幾乎是不可能的任務，所以，你不用為了當一個沒有偏見的人，而讓自己日子過得戰戰兢兢的。你只要知道，自己能夠做到什麼，不能做到什麼，若怕別人感到不舒服，可以先跟對方說明，就是相當用心的表現了。

平時在生活中，我們這樣普通的人，很難感受到被歧視是怎樣的感覺。但是，若有機會出國，你就會在有意無意間，體驗到被歧視的感覺。我記得小學六年級在美國的時候，班上就有白人同學很不友善，會故意不叫我的名字，而叫我Chink（外國人對華人略帶惡意的暱稱）。後來我在美國工作的時候，也會感覺到，有人會因為我的外表而對我差別待遇。我要很沉重的告訴你，這種被另眼對待的感覺，真的不是很好過。

所以，即使知道要做到沒有偏見真的很不容易，我鼓勵你仍然能努力一下，這樣或許可以讓別人心裡舒坦一點。總之，就是要想辦法讓自己的心思細膩一點，在說話或是和別人互動之前，先在心中預演一下，對方會有怎樣的感受，又會怎樣回應你。我不能保證你這樣做，就不會讓人有不舒服的感受；但是，至少你努力過了，就算造成誤會，也可以跟對方說明，你其實有考慮了哪些事，對方也會比較願意接受你的道歉。

你一定做得到的小行動

想想你是不是對怎樣的人有偏見，有沒有什麼方法，可以讓你不要對這樣的人有偏見呢？

6

要跟一個人當朋友，就要包庇他嗎？

親愛的：

那天我在聽Taylor Swift的歌《No body, no crime》，因為歌詞很簡單，我就問你有沒有聽懂。你說，「當然有，不就是有個男的可能殺了他的老婆，但都沒有找到證據，後來這個老婆的朋友，就想辦法把這老公殺了，還讓其他朋友幫她作偽證，讓警察抓不到真正的兇手。」後來，你問我，如果我在那個情境下，是不是會做同樣的事情？我不確定你要問的是哪一個環節，還跟你確認了一下，不然我亂回答，可是會出事的。你說你指的是那個幫朋友作偽證這個環節。我說，這已經牽扯到人命了，當然是不能造假，否則包庇的人也要負起法律責任的。

因為你問了這個問題，讓我想到之前有學生來跟我檢舉他的朋友考試作弊的事情，讓我有點頭痛。這位學生因為看不過去朋友作弊，但又不想破壞彼此間的友情，就把這道難題交給我，希望我能夠想辦法處理。我就問你，「如果遇到同樣的狀況，你會怎麼做？」你想了一下，告訴我：「我應該不會告訴老師，因為他作弊只是讓分數比較好看，他又不是真的懂了那些知識，所以他之後會吃虧，那就是他的報應。如果我去跟老師打小報告，老師若處罰他，他會不高興，可能會影響我和他之間的友情。」

聽了你的回答之後，我沒有先回應你，而是先分享了我當時的做法。我那個時候把被檢舉有作弊的同學找來，直接跟他說，「有人檢舉你作弊，但因為助教沒有看到，所以我也沒辦法處理。但是，如果你真的有作弊，我希望你以後不要再犯。」在這樣的處理下，有達到了警示的效果，又不至於破壞同學之間的情誼；雖然沒有讓那個作弊的人真的受罰，但也算是還能接受的發展。所以，你若擔心檢舉同學會影響你們的情誼，那麼你可以特別跟老師說，希望老師可以做一些處理。不過，如果有一件事情，是只有你跟那個朋友知情的，你若去檢舉他，就算有各種別的處理，他還是極有可能認為你就是那個去打小報告的人，勢必會影響你們之間的友情。

包庇一個人的惡，弊大於利

人和人之間的關係很奇妙，有時候會因為一些莫名其妙的小事，而成為朋友；有的時候又會因為一些小爭執，而斷了幾十年的交情。所以，你的朋友很有可能會因為你和他在任何事情沒有站在同一陣線，就覺得你和他不是好朋友。也就是說，你就算沒有包庇他做壞事，他也可能會因為別的事情對你不爽。

當然，在面對自己的朋友做了不好的事情，我們到底該怎麼做，真的很難抉擇。但是整體來說，我覺得包庇朋友，長遠來說，是很不好的。雖然有了共同的秘密，有時候可能會讓你們之間的連結更緊密，但倘若哪天秘密被揭露了，造成的負面影響可能更大，因為你們都可能會覺得自己被背叛了，但實際上可能是別人意外發現了事實，根本不是你們當中有人去揭露的。

如果可能，在你的朋友還沒有做那件壞事之前，你要盡力勸說他，請他想清楚做了這件事情會有怎樣的後果，當然其中也包含了對你們友情的影響。若這位朋友真的很在意你們的友情，那麼他應該會避免做那件壞事；若他在知道這件事情會危及你們的友情，但還是選擇去做，這就反映出他對於事情重要性的判斷，可能和你的判斷不一樣。

影集《漢娜的遺言》針對這件事做了很多描述，只是內容還有很多不適合你的部分。或許等你再大一點，我再找機會跟你一起看，然後我們可以一起想想，在面對這種棘手困境的時候，我們究竟該怎麼做，才是比較恰當的。

朋友是過客，不強求

雖然我認同交朋友很重要，但是沒有任何一段人際關係是值得你不顧一切去維持的。就連親子關係也一樣，若你覺得身為父母的我們，真的對你造成很大的傷害，你已經嘗試做出努力，情況卻還是沒有改善，那也可以選擇淡出這段關係。

你也不要覺得，自己因為沒有包庇好朋友，結果損失一個好朋友很可惜。如果你們真的有緣份，那麼或許隔了一段時間後，你們又有機會重新成為朋友。在那個時候，回頭看以前的事情，你們可能都會覺得當年很不成熟，怎麼因為這麼小的事情就鬧彆扭。

老實說，我其實不太擔心你會有這樣的友誼危機，因為有研究顯示，青少男和青少女對友情的期待是不同的，青少男比較重視朋友是否可以跟自己一起玩，但青少女比較重視朋友是否可以有共同的喜好、給予彼此支持。用白話來說，就是青少男很有可能只要一起打場球，就可以忘掉那些不愉快；但對青少女來說，事情恐怕就沒有那麼簡單了。當然這也意味著，青少女之間的友情，在她們的生活中會扮演比較重要的角色，而青少男相較之下就比較需要靠自己的力量來處理大小事。

我們都喜歡朋友給予我們支持，能夠講好聽的話給我們聽，但是真正好的朋友，會在適當的時候講一些不中聽的話。這樣的情形發生的時候，我們通常會覺得不太好受，甚至會覺得這個朋友不夠挺你。可是，現在的我，其實會希望身邊多一些講真心話的朋友，而不要都講一些場面話。有這些直言的朋友，才能讓我們可以成為一個更好的人，也可以避免犯下一些不必要的錯。

1 鼓勵朋友不要做壞事。

預防勝於治療，所以思考要不要包庇自己的朋友，還不如在他還沒做壞事之前，就能想辦法引導他不要誤入歧途。很多時候，朋友的一句話、一個提醒，就有可能發揮很大的影響力。所以，不要輕忽你自己的力量，更不要保持沉默，你要知道，你在關鍵時刻的支持，可能就可以讓你的朋友不會跌入很難爬出來的深淵。

2 盡量不涉入。

倘若你的朋友已經做了你不認同的事情，但你又不希望這影響你們之間的友情，那麼你要明確表示態度。你要讓他知道，你是不認同他的哪些舉止，但是你不希望這影響了你們得來不易的友誼，所以你會怎麼做。這位朋友也很有可能會找你一起做這件事，你若知道自己並不認同這件事，也不要因為同儕壓力就去做。倘若很難拒絕，你可能就要想想，這樣的朋友，是不是還要繼續往來了。

3 理性漸行漸遠。

一個人如果做了壞事，又沒有想要悔改的意思，他有極高的可能會做更壞的事情。一開始你或許會覺得，只要你沒有參與其中，就沒你的事。但是，知情不報，特別是在一些涉及人命或是跟財務有關的事情上，你也是有法律責任的。就算沒有法律責任，其他人看待你的眼光也會不太一樣。他們才不會很仔細的分別，誰是做壞事的那個，誰又沒做壞事；他們只會覺得你們是同夥，都一樣壞。若有這樣的狀況，你或許就要選擇放手，至少先把自己處理好。若心有餘力，再想辦法鼓勵朋友做出改變，但千萬不要內疚，覺得自己很自私，為什麼只顧及自己。

或許是因為我在中學階段花了太多時間在念書，幫自己塑造了一個乖寶寶的形象。那些會做壞事的人不太敢和我做朋友，就怕我會壞了他們的好事。在我記憶中，朋友做的壞事，了不起就是翹課，或是抄抄別人的作業，都是一些蠻微不足道的事情。對於這類的事情，我基本上是睜一隻眼、閉一隻眼，道德標準不是特別高。但是我會提醒自己，覺得不對的事情就不要做，不能因為朋友做了，就覺得我跟他們一起做也是可以的。

我相信物以類聚的道理，所以你若希望自己結交一些正直的朋友，那麼你展現的態度也要很正直。若朋友也是正直的，你也根本不需要煩惱，自己是不是需要包庇他們做的壞事吧！千萬不要為了想討好什麼人，就跟著一起做壞事，你或許會收穫友情，但損失的會更多。

你一定做得到的小行動

思考一下，朋友做哪些事情的時候，你願意包庇，哪些你又不會願意？

7

什麼時候該開始談戀愛？

親愛的：

那天你媽媽說，她朋友的小孩現在周末都會跑去跟女朋友約會，很少回家跟家人相處。你聽了有點不可置信的說，「他不是跟我一樣都是七年級，這麼早就交女朋友了喔。」你媽回說，「人家可是國小就有喜歡的對象了，不像你，好像現在都還沒有這方面的困擾。」你聽了之後，一本正經地說，「我是很貼心，不想要讓你們煩惱。如果我現在真的交了女朋友，你們肯定會有各種的擔心，所以我是體貼你們，懂不懂？」

針對你的回答，我大抵是同意的，因為在你們這個年紀，可能真的還不懂得什

麼是談戀愛。雖然伴隨著生理的發展，你們開始有了第二性徵，還會有一些性荷爾蒙的分泌。**但是在大腦的發展還沒有跟上之前，這種本能性的吸引力，大概就跟雌雄動物之間的吸引力差不多吧！**

不過在國內外，開始談戀愛的年齡都有提早的趨勢，像在美國有一份針對七年級至十二年級學生的調查，就發現有超過八成的人曾經談過戀愛，雖然維持的時間相對都比較短。兒福聯盟針對臺灣十一到十五歲孩子做的調查則顯示，整體而言有31.5%的人想要談戀愛，國中生的比例又比小學生的高一些。談過戀愛的比例，整體而言也是接近三成，不過值得一提的是，跟八年前的調查相比，談過戀愛的比例提升了約7%。這份調查也發現和美國同樣的結果，就是戀愛維持的時間偏短，臺灣的調查顯示有六成的戀情都撐不到半年。

我和媽媽在你還沒真的談戀愛之前，都會說自己態度開放，有適合的對象就可以試試看。但哪天你真的告訴我們，你戀愛了，我想我們都會需要一點時間來適應。我自己真正的告白是到了大學才發生的，而且現在回想，還真的不能算是談戀愛。所以，你在這方面比較慢一點，或許有一些先天的因素？

不要因為同儕壓力而談戀愛

雖然你現在可能還沒有想要談戀愛，但如果那一天到來，我希望你是真的找到了一個讓你小鹿亂撞的對象，而不是因為你的同儕都有交往對象，讓你覺得自己也要有個交往對象，不然就會落單。

我記得小學五年級的時候，有同學起鬨，問我有沒有覺得哪位女生不錯。因為我敵不過同學們的追問，就講了一個小時候外婆家附近會一起玩的玩伴。怎知道這些無聊的同學，就去那位玩伴的班上「假傳聖旨」，說什麼我喜歡她之類的。我的印象是，我應該完全沒有跟那個玩伴澄清過這整件事情，也希望她沒有認真看待，不然真的非常尷尬。

我的第一場告白，某種程度上來說，也是一個同儕壓力的產物。那個時候倒不是有同學在一旁起鬨，而是身邊的同學們一個一個都有了交往的對象，我覺得自己沒有好像有點怪。再加上那個時候，很多班對都是因為日久生情，而我剛好有個同班同學參加同一個社團，好像理當也要日久生情。總之，後來回想這整段過程，覺得自己真的還沒有準備好，對那位女同學感到非常的抱歉。

有鑑於此，我除了希望你不要因為別人談戀愛，就覺得自己也要有個對象之外，我也希望你不要亂點鴛鴦譜，隨便幫別人湊作對。這樣的做法，會讓一些本來很要好的朋友，因為尷尬而連朋友也當不成。更別說有些人可能喜歡的可能是同性，你們這樣做，不僅會讓他不舒服，也會讓他有壓力，擔心自己是不是應該要跟你們出櫃，來避免類似的困擾。

準備好了再開始

有些人覺得，年輕的時候要多談戀愛，到了年齡大一點的時候，就不會再犯愚蠢的錯誤，可以比較早找到適合自己的對象。但是也有一些人覺得，不應該在太年輕的時候就談戀愛，因為那個時候心智還不成熟，貿然談戀愛，弊大於利。我覺得兩造的說法都合理，**我自己比較傾向，不應該在自己還沒有準備好的時候，就用試試看的態度來談戀愛，因為這樣對另一個人並不公平。**當然，如果你們兩個有事先約定，雙方都是用試試看的心情來談戀愛，那麼或許可以試試看。

至於你要怎麼為談戀愛做準備呢？我覺得你可以先從認識自己開始做起，當你越了解自己，你自然會發現，自己會想要跟什甚麼樣的人相處。你媽媽的戀愛經驗比我豐富，她常說每交往一個男朋友，就更清楚知道自己想要什麼、不想要什麼。雖然分手的時候都會很難過，但是和不適合自己的人繼續交往，對自己是有害的，所以長痛不如短痛。

如果你有比較要好的朋友已經談戀愛了，你也可以問問他們，覺得那是怎樣的感覺。畢竟，每個世代對於談戀愛都有自己的想法，我們以為的可能和你們這個世代以為的不大一樣。就像我們以為的，也跟你爺爺奶奶認為的不大相同。但是你要記得，每一段關係都是獨特的，別人的腳本很難套用在你身上，你只能自己探索，找到那個屬於你的方程式。

在英國影集《黑鏡》中，有一集談到未來的人，談戀愛的時候，不是自己去找對象，而是由系統安排對象給你，然後可能是六小時後、一個月後或是一年後，就必須要和這個對象分開。系統會在你經歷了很多次之後，根據你和這些對象相處的紀錄，推薦給你一個99%速配的對象。說不定這樣的技術，就有可能在你身上被使用，若是那樣的話，你或許什麼也不用準備呢。

爸爸的建議

你現在還沒有感受到談戀愛的壓力，我覺得是一件好事。倒不是因為我們老古板，覺得學生就該好好念書，而是在你這個階段，自己的心智還沒有發展成熟，若就選擇開始談戀愛，有可能會受到傷害，也會傷害到別人。你要知道，不是越早開始談戀愛的人，就會越早找到幸福。所以，這件事情，真的不用趕進度的。

1 愛自己是根本。

談戀愛的本質是愛另一個人，而要能夠愛一個人，你要能夠先愛自己。愛自己這件事情，其實也沒有你想像的那麼簡單。你就想想，你平常有真的做什麼樣的事情來疼愛自己嗎？當你受挫的時候，你有積極做點什麼去呵護自己嗎？如果都沒有，那麼你真的還沒有去愛自己。

2 照著自己的步調。

有些人比較早熟，有些人則比較需要和別人有親密關係，有些人可能覺得自己一個人很自在。這些都是正常的，也就是說，你完全不需要擔心自己是不是太早、或是太晚開始談戀愛。你只要照著自己的步調來前進，就是好的。現在有另外一股趨勢就是，有越來越多人覺得談戀愛好麻煩，自己跟自己相處難道不好嗎？像在日本就有很多人，完全不想談戀愛，更別說是結婚生子了。當然這也是一種步調，雖然在我看來不是最理想的，但若你覺得那是你想要的步調，我們也會尊重。

3 尊重別人的選擇。

倘若未來你有一天告白被拒絕，或是交往後被別人提分手，我希望你要尊重那個人的選擇。因為戀愛關係不應該是勉強而來的，應該是兩個人發自內心想要投入的。所以，如果有一方覺得不想要的時候，那就是這段關係該停止的時候。雖然你很有可能會感到傷心欲絕，但勉強對方跟你交往，多數時候，只是延後你們分手的時間點罷了。放下之後也不代表你們未來不可能交往，說不定反而讓你們距離繼續交往又更近了。

爸爸的心裡話

從小到大，你給我的感覺就是有點狀況外，有點傻裡傻氣的。雖然有時候會覺得你的心智年齡比起同齡人低，但這樣傻傻的，其實也挺不錯的。至少你不會出亂子，不會早早就想著自己要談戀愛什麼的。或許因為我自己在愛情這方面也算是比較晚成的，所以我不擔心你比較晚才開始開竅。

但是，若你哪天決定要開始談戀愛了，我希望你是準備好的，而且要真心誠意的對待對方。雖然真心誠意不一定就能換來天長地久，但至少可以讓對方感受到你是認真的，就算未來當不成情人，可以繼續當好朋友也挺好的。最後，我要提醒你，愛情，真的是沒有道理的，所以太理性看待，就輸了。反正，在戀愛的時候，就好好享受那個過程，就算自己在過程中瘋瘋癲癲的，一點也不像平常的你，也無妨。

你一定做得到的小行動

請想想，你覺得自己會適合跟怎樣的人當情人，為什麼？

8 該怎麼面對別人的閒言閒語？

親愛的：

我的大學好朋友問我，如果小孩被別人影射做了一些不好的事情，該怎麼處理。我告訴他，「只要你的小孩真的沒有做那件事，他不要因此跟別人起衝突，事情不久後就會平息了。但是，同時間需要跟老師反映，請老師協助了解一下，為什麼會有這樣的狀況。」我提醒他，我們也都當過青少年，知道有時候同學們只是貪玩；有些人被戲弄的時候，反應特別大，會讓別人更想要去戲弄他們。

因為被朋友這樣一問，我也好奇你是不是也知道或是經歷過這樣的狀況，就把你抓來問問。你有點煩的數落我，「你們大人太不懂青少年，青少年就是喜歡講幹

話，喜歡鬧人。如果有人都沒被鬧，那就是因為他人緣很差，根本沒有人想鬧他。」聽你這樣說，我馬上問你，「那你有被別人鬧過嗎？」你不是很想正面回答，但我猜想應該是有，既然你不想說，我只能假設，你應該是自己處理了。

不過身為人父，難免還是會擔心，於是就語重心長地提醒你，如果別人鬧得太過火了，就不該隨便姑息。我也同樣提醒你，你該做的不是直接去反駁，為自己的清白做點什麼；你真正該做的是保持冷靜，因為只要你有反應，就會讓那些亂講話的人更想要攻擊你。你如果反擊，基本上就是中了他們的圈套，對自己是非常不利的。這些人常用的一個話術就是，「你一定有怎麼樣，不然你為什麼要那麼生氣……」

我聽過最扯的故事，是有個朋友的女兒莫名被其他人排擠，她完全不知道原因。一直到後來，那個孩子的老師才知道根本的原因是，有一個男生喜歡這個朋友的女兒，想要跟她告白。但是，班上一個人緣很好的女生很喜歡那個男生，在知道他想跟別人告白的時候，就故意散播一些謠言，讓大家排擠我朋友的女兒。我聽了之後很訝異，因為我以為只有宮鬥劇才會出現這種誇張的劇情，想不到在真實生活中也會出現。

八卦的重點根本不在於是不是真的

有人惡意中傷我們的時候，我們會反射性地想要做些什麼，因為不做點什麼，好像就是默認了。**但是，這種閒言閒語、八卦對人的影響，跟它是不是真實的，一點關係也沒有。**如果你有反應，除非有斬釘截鐵的證據可以反駁別人的說法，不然都會被認為是你因為被爆料，所以生氣了。不知情的人就會覺得，那件事情一定是真的。

遇上別人在背後說自己壞話的時候，你最該做的，不是想著要怎麼還自己一個清白；你該好好想想，為什麼會有人想要這樣說，是因為你不經意影響到他們，像是搶走別人的機會，或是搶了別人的朋友、情人。雖然你可能根本不是針對他們，但是因此蒙受損失的人才不會這樣想。

有的時候，也只是人們胡亂把事情拼湊在一起，結果產生了一個對你不利的說法。如果是這種狀況，還真的不能怪別人，因為他們可能只是很關心你，而你的一些行為讓他們自動腦補產生了一個合理的故事，而這故事就被流傳出去了。

像日前蔡依林幫電影《關於我和鬼變成家人的那件事》創作的主題曲〈親愛的

對象〉，MV的故事就是描繪了一個腦補的狀況，林柏宏飾演的角色是一個不想被阿嬤發現他是同志的年輕人，所以他看到阿嬤的一些行為舉止怪怪的，就覺得阿嬤一定是因為不能接受他是同志，所以故意排擠他。但事實上，阿嬤是因為想要追逐自己成為DJ的夢想，才會有那些看起來奇怪的舉止，根本不是因為自己的孫子是同志，想要排擠他。我只能說，我們都很喜歡自己腦補劇情。

用行動來破除謠言

當我們被誤解的時候，都會很想幫自己辯白，希望別人可以知道真相是什麼。**但是如果有人惡意中傷你，你除了不反駁之外，最該做的就是用行動來證明自己的清白。**有些知名人士在被傳出關係觸礁之類新聞的時候，不是就很愛一起出席公開場合，還不忘曬恩愛去堵大家的嘴。雖然那些有可能是假的，但我的意思是，你就是該用行動來證明造謠的人是錯的。

比方說，有人可能在演講比賽比輸你，就傳話說什麼你爸爸跟評審是好朋友，所以他們偏袒你之類的。那麼你為了要證明自己的實力，就可以去挑戰別的演講比賽，用良好的表現來證實，你有實力，才不是靠關係得名的。或是以後有人可能故意會說你愛到處拈花惹草，不專情之類的，那麼你能做的就是讓你的伴侶過得很開心、幸福，別人也沒有什麼好多說的。

如果有些人就是不願意相信你是清白的，覺得那些謠言一定不是空穴來風，你也不用太在意，因為這些人跟你不對盤，你不需要為了討好他們而付出努力。你要練習放下一些對你自己有害的關係，而這些不願意相信你的人，就是一種該放下的關係。不過我知道，在你這樣的年紀，也許會覺得放棄任何事物，對自己可能都有很大的影響，因而不太願意去放棄。但是，懂得怎麼捨，你才會收穫更多；**若捨掉一些不好的朋友，你的心才有位置放入一些新的朋友！**

血氣方剛的青少年，有時候講話不經大腦，再加上很愛起鬨，所以你有可能沒做什麼就莫名其妙被大家討厭。面對這些不是很認真的垃圾話，如果你認真了，真的就輸了。你要了解人是如何看待八卦的，就可以梳理出一套應對的方式。

1 對於不實的傳言，不過度反應。

雖然有一種說法是，你不澄清，就表示默認。但是，別忘了還有一種說法，就是你反應那麼激烈，表示那個閒言閒語一定是真的。你可以表達自己不認同這個說法，但就不要再特別多說什麼了，尤其是那些要幫自己辯駁的言論。就像一些藝人，在面對不實傳言的時候，都會說傳言並非事實，全案已經進入司法階段，靜待法院判決之類的。你應該不至於需要請律師，但過多的辯駁真的弊大於利。

2 轉移注意力。

人對於那些與自身沒有關係的八卦，熱度大概就是一兩天的時間。你可以做一些事情轉移別人的注意力，當他們有其他需要注意的事情，自然而然就會忘掉跟你有關的八卦了。就像每次出現很誇張的社會新聞時，有一些人都會說，這是陰謀，想要讓大家注意這些沒啥意義的社會新聞，而不要去關注對大家更有影響的消息。你在轉移注意力的時候，不一定要刻意幫自己洗白，有時候太用力，反而會產生反效果。你要記得，人的注意力很短暫，只要讓他們有新的東西可以忙，他們就會忘了原本關注的事情。

3 打造良好形象。

如果你是一個形象良好的人，而且行為坦蕩蕩的，真的不需要擔心別人會在背後說你壞話。就像爸爸喜歡的歌手劉若英，出道之後幾乎很少傳出誹聞，即使結婚、生小孩了，私生活依舊非常低調。當然除了早期有一個傳聞，說她跟帶她出道的師傅陳昇有什麼情愫，也不見她刻意反駁，時間久了，也幾乎沒有人在傳了，她反而會拿這個當笑話來說。所以，行為端正，就是終結流言最好的做法。

我們沒有辦法叫別人不要說我們的壞話，也不能阻止他們不要相信那些不實的傳言。**我們能夠做的，真的就只有好好做該做的事情，不要讓別人有閒話可以說。**就像在大學裡，很多人都提醒男老師不要單獨跟女學生在辦公室相處，若有學生在辦公室，就一定要開著門；這樣的做法，就是不要讓別人有說閒話的機會。但是，只要你沒有非分之想，而且都坦蕩蕩和學生互動，也不一定就非要把門打開，畢竟有的時候，學生是想要聊一些比較個人的事情，就不適合打開門。

你是一個很容易激動的人，其實很容易成為閒言閒語的受害者，因為這些喜歡散播流言的人，最喜歡得到一些反饋，你越是生氣，他們就越起勁。所以，不管他們講的是真的或是假的，你都該沉著冷靜，不要直接對上他們。若真的有過於誇張的言論，你可以用別的方式來處理，像是讓我們或是老師介入，等等的。練習看淡別人對我們的評價，把重點放在自我的覺察上，這才是你該做的。

你一定做得到的小行動

想想你曾經聽過的一則八卦，想一想當時你是否相信這則八卦是真的，為什麼？

PART 3

學習篇

你總是質疑——

為什麼「要專心這麼難」？

為什麼「我就是會煩躁得念不下書」？

為什麼「我就不能像別人那麼聰明」？

為什麼「別人都能輕易學會，我就是不行」？

為什麼「時間總是不夠用」？

親愛的孩子，我想跟你說……

1 分數有那麼重要嗎？

親愛的：

上次段考結束後，我看到你的英文成績以及班排名，有點擔心，就關心（念）了你一下。我本來以為你會不高興，想不到你眼淚就掉了下來，讓我一時也不知道該怎麼做才好。等你稍微冷靜之後，你才告訴我，你自己對英文成績也不滿意，但是你就是對英文沒有興趣，所以即使好像花了時間複習，成績也沒有起色。

我聽你這樣說，有一點意外，因為在我的印象中，你並不討厭英文，而且聽到我和媽媽跟別人用英文講話，還會有點得意的告訴我們，你有聽懂我們剛剛在講什麼。當然，從過去英文考試的紀錄，我知道你的強項不是讀和寫，只是我沒有想

到，上了國中，你對英文的態度有這樣大的轉變。

我有點語重心長的問你，「你是真的對英文沒有興趣，還是因為考試沒有得到好成績，所以說自己不喜歡英文？」你有點沮喪的回我說：「就你後面說的那一個。」我可以理解，當我們付出努力卻沒有得到自己期待的成果時，難免會感到失望。但是，你對一門學科有沒有興趣，不應該跟你在那門學科上的表現掛勾。

我知道要這樣想不容易，因為我曾經也是學生，也不否認自己當時之所以喜歡數學，是因為自己的數學成績還蠻不錯的。**可是，喜歡一個科目，和要在這個科目獲得好成績，真的是兩碼子事。**像我就有一個學生，他在上課的時候都非常專心，在我問問題的時候，也都會主動回答。可是，只要一考試，他的成績都不太理想，令我很困惑。有次我好奇的問他，「你怎麼考試成績和你課堂中的表現有這麼大的落差？」他有點不好意思地告訴我，他很喜歡我的那門課，但就是不喜歡準備考試的過程，所以就有這樣的下場。

分數不能完全反映你的努力

雖然我對於你因為分數不理想，而覺得自己對英文沒興趣這件事情有點憂心，但我更擔心的是，你會因此而喪失自己對學習的興趣。我記得自己念大學的時候，其實蠻失落的，因為我對系上多數的必修課都不是特別有興趣，而且幾次考試下來，成績都很不理想。有一段時期，我都想要轉學了，因為覺得自己再這樣下去，應該會很糟糕。

不過，那時候社團的學姐問我，「**你之所以會這麼失望，是因為你自己的分數不好，還是你不喜歡你在學的東西？**」這段話點醒了我的迷思，因為我覺得會讓我失望的根本原因，在於我對必修課不感興趣。不感興趣是根本的原因，而分數差只是壓垮我的最後一根稻草。

因為有了這樣的頓悟，我就開始選修很多我感興趣的通識課程，特別是心理學方面的。在過程中，我發現自己確實對心理學是感興趣的，即便分數不一定是最理想的，但心中的踏實感很明確。有了這樣的經驗，我後來都會提醒自己，分數和一門學科的興趣，真的不應該掛勾在一起。分數只是老師用來評量學生的一種方式，但這不能反映你對這門學科的理解程度，也不能窺探你對於這門學科的興趣是高或低。

如果你願意的話，其實我們可以針對學科學習制定別的評分標準，來幫助你建立一些自信。比方說，如果花了多少時間複習，就可以獲得一定的分數；檢討寫錯的考卷，也可以獲得一定的分數。總之，就是要規避只靠考試分數來評價自己的學習成效這樣的做法。我之所以會有這樣的提議，是因為在我大學的時候，有門課的老師知道每個學生都有自己比較擅長的部分，所以她在學期一開始會給我們一張集點卡，上面有很多不同的學習項目，而這些項目對應不同的分數。這些點數加起來遠遠超過一百分，所以即使我們想要得到一百分，也不用所有的事情都要做到，我們可以挑那些自己想做的來做就可以了。

沒有分數的肯定，該怎麼堅持下去？

在現行的教育體制下，學科學習的獎勵，很容易就和分數以及分數所帶來的一切連結在一起。但是，這其實有點病態，因為不管是學科學習，或是非學科的學

習，獎勵應該是來自知識獲得的本身，而不是分數。

我記得有次你看到媽媽報名一個線上課程，你就好奇問她：「為什麼還要上線上課程？老闆有要你上那些課嗎？」媽媽說：「公司不會規定我要上什麼課，但是會鼓勵我去上課，不僅有學費的補貼，還會有上課的獎勵。但是，除了公司要我上的課之外，我另外會上一些我想學的課程。像是之前我去上自由書寫，就是我自己很有興趣的課程。」

我可能沒有像媽媽那麼好學，不過我也持續在學習一些對我有幫助的事情，像是學習一個新的實驗軟體等等的。對我來說，之所以會想要學習，是因為想要獲得一些新的知識，特別是對我工作上有用的知識。

所以你看，從我和媽媽身上，你就找到了至少兩種不同的學習動機，而且這些動機和分數都沒有關係。就像你現在很喜歡打羽球，除了在學校社團學習之外，你也很常找Youtube的教學影片，或是看高手對戰的影片。我相信你之所以會想要這麼做，部分是因為你在這件事情上面找到樂趣，所以會想要學習更多。如果把這個道理套用在學科學習上，我鼓勵你要找到分數以外的成就感。因為只有當你找到的時候，你對於學習的熱情，才不會因為分數的起伏而受到影響。

爸爸的建議

曾經有一段時間，行為主義學派很受到歡迎，他們主要的論點就是，我們可以透過反饋來改變人的行為。如果一個人做了某件事情之後，得到一個他想要的東西，他就會更想要做某件事情，反之亦然。但是，後來有些學者認為人不只能在有反饋的時候，才會去學習、才會做出改變，也確實獲得一些證據支持。所以，我相信你也可以找到一些方法，讓自己可以跳脫被分數制約的系統。下面是幾個我自己覺得有用的建議：

1 找到自己問題的癥結。

雖然分數不是一切，但是當分數不符合預期時，你可以仔細盤點一下，找到其中的原因。因為有可能是你練習不夠，或是不太懂得如何活用知識，或是不夠細心。若能夠對症下藥，才能比較有效率的改善分數不理想的狀況。

2 找到平衡點。

我們不可能對所有的事物都感興趣，所以我也不覺得你所有事情都要學得很好。但是在體制內，我們多少都必須要學一些自己不是特別有興趣的事物。你不一定要愛上那個事物，但是你要做到一定的水準，才不會引人注目。

3 要發展自己的專長。

當你在一個部分表現不好的時候，很容易會沒有自信，進而覺得自己什麼都做不好。為了避免你陷入這種沒自信的迴圈，我鼓勵你一定要發展一個強項。這其實有很多好處，比方說，你可以用自己在這方面的表現，來肯定自己是個有能力的人，不是什麼都做不好。另外一個我覺得很重要的好處，就是你可以利用自己在這個項目學習上的經驗，運用在其他事物的學習上，或許就會找到一些可以讓自己學得更好的方法。

當學生的時候，人很容易會因為考試分數的高低，而影響自己的心情、自信等等的。有一位「費爾茲獎」（號稱數學界的諾貝爾獎）得主許埈珥，他在一次訪談中就提到：「很多韓國學生因為數學考試的壓力而受傷，這是很可惜的，因為數學是人類幾千年來累積的遊戲文化，數學是很有魅力和價值

的。」所以，你真的不要因為考試分數，而影響了自己對一件事情的喜好。

而且你知道嗎？在你出了社會之後，很少有人會因為你在學期間的分數不好，就否定你的價值。只要你能夠給他們一個合理的說法，通常分數對你的影響是有限的。就像爸爸在大學的班排名是全班倒數幾名的，可是現在有人會因為這一點，就覺得我是一個不能把事情做好的人嗎？我想應該是沒有的。也就是說，相較於在學校的分數，真正重要的是，你是否有想要把事情做好的態度，以及是否有意願學習怎麼把事情做好。如果你因為分數不好，就喪志、不想要學習，那真的太可惜了。

你一定做得到的小行動

想想自己為什麼會不喜歡某個學科的學習，如果有什麼事情改變了，你也會改變自己對這個學科的態度嗎？

2

我就是讀不懂，怎麼辦？

親愛的：

你那天問我，「為什麼有人數學那麼差，連一元一次方程式都不會解？」聽你這麼說，我先是反問你，「難道你什麼都懂嗎？會不會有人也跟他的爸媽說，我們班那個誰英文好差，連國小就教過的單字都不會？」你有點不服氣的說：「才不會有人這樣說，而且英文跟數學不一樣，英文是要用背的，數學是要用理解的。」我接著回你：「沒有錯！所以有的人背的能力比較差，有的人理解的能力比較差，合情合理。」

我感覺得出來，你不是很認同我的說法，但你應該怕我叫你去背英文，所以就

沒有繼續回我的話。對多數人來說，都有某種學習是特別困難的，像是對我來說，有機化學就是一門很困難的學問，我修了三次，三次都被當，最後還是靠補考才勉強過關。我後來發現，自己不喜歡那種要背誦，且沒有辦法自己驗證的知識點。

因為年代久遠，我已經忘了是不是有跟厲害的同學請教過，但在我心中就是一塊揮之不去的陰影。第一次的挫敗就打擊了我對這門學問的動機，而動機低落的時候，學習成效就會更差，於是成了一個惡性循環。**正因為我知道一旦進入惡性循環，就會很難跳脫，當你成績不好的時候，我真正在意的是你到底錯哪類的題目，以及你覺得為什麼會錯。**

以英文來說，你大概有兩種類型的錯誤：一個是單字不熟，另一個就是對於文法的例外掌握度不佳。單字不熟，主因就是沒有花足夠的時間去背，或是沒有用一些策略來幫助記憶。至於文法，大抵來說也是記憶的問題，所以都反映了你沒有花足夠多的時間在英文上。當我這樣提醒你的時候，你有點無奈的說，「可是我就不想要念英文，為什麼我們一定要念英文，把中文念好，不是很好嗎？」我知道你這樣說也不是完全沒有道理，也很想多給你一些學習的理由，但我沒有這麼做，因為我知道你要自己找到動機，才會真正驅動你去學習。

有可能真的不會嗎？

有這麼一句話：「絕對沒有笨的小孩，只有不一樣聰明的小孩；也沒有學不會的小孩，只有學習方法不同的小孩。」我大抵是認同的，但我還想要加上一句：沒有不想學會的小孩，只是有些小孩就是學不會。我覺得有這樣的體悟是重要的，因為有些人有先天的學習障礙，與其花很多倍的時間，期望孩子能夠學得好，還不如讓他把這些時間拿去做他擅長的事情。

只是在我們的文化中，若一個孩子表現不如預期，通常會覺得是他還不夠努力，或是覺得他沒有掌握訣竅，鮮少會認為孩子有先天限制，導致他沒有辦法有符合期待的表現。但是根據《身心障礙及資賦優異學生鑑定辦法》，學習障礙涵蓋範圍蠻廣的，包含聽覺理解、口語表達、識字、閱讀理解、書寫、數學運算等。

然而，對一般家庭來說，可能不一定有足夠的專業可以做這樣的判斷，另一方面也是不一定會想要讓自己的孩子被貼上學習障礙的標籤。像你媽媽是有次跟我閒聊的時候，我提到了閱讀障礙的人會有語音學習的困難，她才想到自己可能有閱讀障礙，因為她小時候學習注音符號，經歷了很多的挫折。知道之後，她就比較釋懷了，但也覺得自己小時候真的被冤枉了。

除了有先天的學習困難之外，也有可能是因為學習的方法不對，導致動機低落，進入惡性循環的迴圈。關於這一點，現在的人蠻幸運的，因為有很多人致力於開發新的學習方法，讓更多人可以樂在學習。就拿學寫程式為例子，現在有平台用寫作文的方式來教人寫程式，相信很多對寫程式感到恐懼的人，就會願意試試看。

總之，學習成效不佳的時候，除了檢討自己可能不夠努力之外，也可以想想，是不是沒有找到適合自己的學習方式，或是自己有一些先天的限制。若發現，自己真的就是學不會，也不要覺得太挫折，你要跟自己和解，而不是催眠自己是個不夠好的人。

該有所捨有所得

古代的文人被期待要琴棋書畫六藝皆擅長，因為這是當時社會對文人的期待。用現在人的術語，就是要五育均優，德智體群美都好。雖然媒體也常會報導具備這樣美德的人，但真的要什麼都好，非常不容易。**與其用那些看似完美的特例來詆毀**

自己，你更應該做的，是看到自己的優勢，然後好好發揮。

多數的孩子，或應該說家長，對於孩子有比較不擅長的學科，是難以接受的。因為從國中要進入高中時，是考慮各學科的總分；更別說要進入醫學系等頂尖系所，更是需要滿級分，才有機會被錄取。我覺得這樣的制度不太健康，也亟需改善，只是目前只有很少數的特殊選才管道，而且是針對在某方面表現很優異的人才適用。

我一直都覺得，人要做自己最擅長的事情，而不是想辦法把所有事情都做到一定的水準。所以，我其實也鼓勵你可以找到自己喜歡且擅長的事情，然後多花一點心思，把這件事情做好。當然，這樣做意味著，你有些事情可能沒有辦法做好，這也是可以理解的。在現在的體制下，你可能還無法完全荒廢某些學科的學習，所以你要思考怎麼滿足低標。就像我當年跨領域考心理所的時候，我知道自己沒有足夠多的時間來複習，所以我盤點考試的科目，以及歷年來的平均得分，決定哪些科目要多花一點時間，哪些只要把考古題搞懂就好了。這樣的策略應該還算成功，所以我順利進入了心理所。

其實不僅在學校學習要有所取捨，出了社會之後，你也需要面對很多的取捨。

如果你沒有早點學會取捨，而是想要什麼事情都做好，反而有可能什麼都做不好，還讓自己承受滿滿的負面情緒。

在學科的學習上沒有好表現，雖然很有可能是努力不足，但這不是唯一的原因。我常跟你說，我們只要做了自己能夠做的，盡力了，那麼就該放過自己。不過，我想你有時候有點太快放過自己了，這也不是太好的現象。沒有好表現的時候，我建議你可以這樣做：

1 找出問題癥結。

找到自己考不好的原因是很重要的，因為如果沒有對症下藥，可能花了很多時間、精力，但是成績依舊不如預期。如果你覺得自己不知道問題所在，可以問問老師、同學，也可以讓我們看看你的考卷，我們或許可以幫助你找到問題。當然，我更鼓勵你，可以練習自己發掘問題所在，而不是只看到分數的高低，不做任何反思。

2 面對自己的弱點。

如果你發現自己有些弱點，還不至於是無法克服的，那麼就值得找一些補救方案，幫自己補強。就以英文為例，你可能比較不擅長背單字，那就可以參考一些心像法，或是學習字根、字尾的規律性，來輔助自己背單字。若發現有些弱點很難在短時間內，或是根本無法克服，就要做停損點的規劃了。所謂停損點的規劃指的是，你要知道什麼時候該放手，然後要想辦法用別的方式來彌補。就像我在準備心理所的時候，就是為「心理學方法」這個考科設了停損點，並想辦法用別的科目來拉抬自己的總分。

3 持續保持開放的態度。

一個科目一直都得不到好成績，真的會讓人很洩氣。但是，分數是一碼事，對這個知識的興趣是另一碼事。我鼓勵你可以有一個比較開放的心態，或許在未來的某個時間點，你會發現這個學科的美妙之處。就像我離開生命科學領域之後，現在偶爾有機會回頭看，反而會發現自己其實也不是真的很不喜歡那門學問。只能說我們是沒有緣份的情人，沒有在對的時間遇上彼此。

爸爸的心裡話

上高中以前，我其實都不太能理解，為什麼有人就是考不好。明明只要花足夠的時間，就可以獲得好的分數，為什麼有同學就是做不到。不過，上了高中之後，我也陸續遇上了一些學習上的困難，只是那個階段，似乎還可以用一些應付考試的方式勉強過關。直到大學，才真正遇到瓶頸，發現自己真的有所不能。

或許你現在就遇上這樣的感覺，並不是一件壞事，因為可以讓你不會過於自負。但是，我希望你不要只沉浸在自己有某些事情做不好的沮喪中，而是要想辦法看到自己的優勢，並且想辦法截長補短。

你一定做得到的小行動

想想你是不是曾經遇過某種學習困難，你覺得原因是什麼？

3

干擾這麼多，好難專心，怎麼辦？

親愛的：

那天你小考成績不大好，我問你怎麼這次考得特別差。你有點無奈的說：「就不想念啊！一打開書，我想到的都是遊戲、影片，根本沒心去念書。而且，弟弟才剛考完試，你們又讓他可以放鬆一些，這些對我來說，都是很大的干擾。」

聽了你的抱怨之後，我故意問你，「所以你的意思是，你的專注能力不太好，是這樣嗎？」你不假思索的說：「對，就是這樣，一定是因為我專注能力不太好，所以才不能專心念書。你之前不是有出書介紹注意力，還說什麼爸爸媽媽要尊重小孩的特性，不要為難他們。」我猜你一定以為當你這樣說的時候，我就會不知道要怎麼

回你了，但是你完全上當啦。

我說你這才不是專注力的問題，不然為什麼你每次玩遊戲的時候，我們怎麼叫你，你都沒有回應呢？你如果真的有專注力問題，應該是連打遊戲都不能專心。你之所以不能專心，是因為你沒有強烈的動機想要專心，所以特別容易被分心。

你聽我這樣說，不是很服氣，就故意說，「那請問注意力專家，像我這樣的國中生，要怎麼樣讓自己專心呢？」我當然也不是省油的燈，早就等著你問這個問題了。我說，「你第一件要做的事情，是把你的書房整理乾淨。你桌面上那麼多東西，都會是潛在的干擾物，既然念書的時候要專心已經很難了，就要盡可能降低干擾。」

你第二件要做的事情，是找出自己一次能夠專注多久，然後在規劃自己的行程時，就以此為基礎來做規劃。比方說，如果你最多一次只能專心十五分鐘，那麼在規劃寫作業的行程時，就不應該設定要花四十五分鐘寫作業，你應該是規劃三個十五分鐘的時間，中間都參雜五分鐘的休息，這就像是坊間很流行的番茄鐘時間法，把任務做切割，以期達到最高的效率。

你第三件要做的，是在自己專注之後，要給自己一些肯定。比方說，如果你本來設定共要花二個小時才能寫完作業，結果一個半小時就寫完了，那麼你要記得肯定自己的表現，也可以來跟我們要求獎賞，我們會很樂意獎勵你的。我覺得時間是很珍貴的，就算多出來的時間是拿去休息，都比沒效率的做事來得更有意義。

分心本來就是天性

雖然我希望你可以專心，但是專心真的是很困難的一件事。因為我們的大腦本來就不是內建要專心的，本質上來說，專心沒有演化的優勢。你想像我們的祖先，若做事情總是很專心，那麼他們就不容易察覺各種風吹草動，可能就會被天敵所獵捕了。所以，分心才是一種天性，專心是一個現代社會的產物。

而且，年紀越小的小孩越不能專心，這一方面反映了，分心環顧四週，對小小孩來說是比較有利的；另一方面則反映了，孩子的大腦額葉發育還不完全，沒辦法對自己的注意力有太好的控制，所以很容易受到干擾。

對現代人來說，我們面對的挑戰更嚴峻，因為有很多人想要擁有我們的注意力。比方說，廣告商就很希望我們可以看廣告，進而對某些產品有好感，最好還可以直接購買那些產品。又或者，社交平台會希望我們對平台產生黏著度，那麼他們就可以善用這個特性，來做一些對平台有利的事情。

正因為挑戰很嚴峻，我們就需要更刻意的去了解自己注意力的運作方式，找出自己在哪些情境下，比較容易專心，以及比較容易受到哪些事物的干擾。若你知道自己要戴著耳機才比較專心，那麼在需要專心做事的時候，就可以把自己的耳機戴上。像我是一個工作需要聽音樂的人，但並不是所有的音樂都能夠讓我專心，所以若我需要專心，我就會選擇播放那些我知道會讓我自己專心的音樂。

一心二用基本上不可能

有一次我看到你桌上同時有英文課本，又有數學習作，我覺得很怪，就問你這到底是怎麼一回事。你一本正經地跟我說，「因為要背英文單字很煩，數學作業又寫不完，我就一邊背單字，一邊寫作業。」我聽了差點沒有崩潰，因為這種看似多工的做法，並不會讓你更有效率。

早期的心理學家，很好奇人們到底可不可以多工運作，所以就設計了不同的情境，來比較一次只做一件事，和一次需要做兩件事，效率到底會不會有差異。**結果**

心理學家發現，人們基本上一次只能做一件事，一心二用只是一種錯覺，你覺得自己在一心二用的時候，其實是在兩個任務之間快速轉換。

不過，也有一些人，對於做某件事情已經非常熟練了，就可以同時兼做這件自己很熟練的事情，和另一件別的事情，這也是有經過研究證實的。但是，這類的事情通常是比較仰賴動作而不是需要動腦思考的。所以，你不可以拿這樣的證據來遊說我，讓你可以一邊寫作業，一邊做別的事情。

如果你真的事情太多做不完，那麼你該做的，是提升自己的專注力，一次好好把一件事情完成，再去做另一件事。如果自己也不是真的有那麼多事情要做，只是喜歡一邊做正經事，一邊做一些別的事情，我就會強烈建議你，先把那些別的事情放下。就像如果要從廚房端兩碗湯到飯廳，你可以選擇一次端著兩碗，然後很緩慢的前進；但你也可以一次端一碗、快步前進。一次端一碗不僅可能會比較快，還能避免湯溢出來，好處其實很多。

我知道對你來說，要專心做正經事（像是念書）是很困難的，因為你既沒有很強烈的動機，又會遇上各式各樣的干擾。雖然這兩件事情都不是不能改變的，但是若你可以培養一些能力，讓自己在這樣的大環境下更有適應力，對你來說會比較好。所以，我建議你要想想以下這幾點：

1 找出自己的注意力方程式。

每個人的注意力運作都不大一樣，即使對同一個人來說，在不同的情境下，可能也會有不同的運作。所以，你要想辦法搞清楚，自己的注意力在怎樣的組合下，會有最好的運作。那麼，當你需要高效完成事情的時候，就要想辦法讓自己沉浸在那樣的組合下。除了情境之外，自己的生理狀態也是一個蠻重要的因素。如果你那天身體不舒服，可能也會比較難專心。

2 想辦法熟能生巧。

因為現在的干擾真的非常多，所以我們難免都會被干擾。**對抗干擾的一個做法，就是讓自己的動作是比較自動化的，就不會受到干擾物的影響。**就像一些很厲害的路邊攤老闆，在準備餐點的時候，都能飛快地完成動作，同時間，還能正確接受客人的指令。這就是因為準備餐點的動作已經自動化，所以他們在做那件事情的時候，不太需要耗費資源。要達到自動化，除了多練習之外，還有一件很重要的事情，就是要想辦法讓作業流程是順暢的。像是要摺衣服的時候，可以先把上衣和褲子分開，然後一股腦先把上衣摺好，再摺褲子。之所以要這樣做，是因為上衣的摺法是一樣的，你就不用一直轉換，效率也會比較好。

3 刻意訓練自己抑制能力。

如果熟能生巧是開源，那麼訓練自己的抑制能力就是一種節流的方法，若你可以兩者兼具，就能讓你自己比較有效率的完成該做的事情。所謂的抑制能力，指的是要能夠壓抑某個念頭，或是排除這樣東西對你的影響。就像在玩一些遊戲的時候，遊戲中會故意出現一些和寶物很接近的炸彈或是一些會害你死掉或扣分的東西，你是不是需要壓抑自己去按那些東西的念頭呢？這時候你就需要使用自己的抑制能力。

每次看到你在念書時的掙扎，我其實也於心不忍。因為我知道你和以前的我不一樣，你對於「好好念書，人生就會美好」這樣的騙術，已經不會再輕易上當了。既然不會上當，要讓自己對不有趣的學科產生興趣，真的不太容易。更何況，你生活中有那麼多有趣的東西，不論是手機也好，或是各種的影音素材，坦白說都有趣多了。

所以，我們其實也不覺得，你一定要專心投入在學科的學習上。只要你有找到自己感興趣的東西，且願意專心做那件事，我們都會很開心的。只是要找到這東西，你可能要先練習壓抑自己對手機、遊戲、影片的喜好。雖然那些本質上沒有不好，但是都太容易讓人上癮了；即使你不一定真的喜歡，也可能因為設計者設定的機制，而不小心上癮了。

我不知道那一天什麼時候會到來，但我還蠻期待的：我很想知道，若你專心做你喜歡的事情，會創造出怎樣的產物！

想一想你做什麼事情的時候可以很專心，為什麼？

4

怎麼學都學不完，那可以放棄學習嗎？

親愛的：

你有天很感慨的跟我說：「我真羨慕以前的讀書人，他們要讀的內容，大概只有我現在一本課本那麼多字吧！」我說：「不能這樣比較的，以前的人雖然要讀的東西不多，但是他們必須做很深入的思考和探討，哪像你們現在，有時候只要背熟了，考試就會有好的分數。」

你聽了有點不服氣，又接著說：「你們以前可以只要好好讀書，其他事情都不用作。可是，現在我們除了要會念書之外，還要會寫程式，還要服務學習，而且國中就要參加社團，真的很累ㄟ。」我搖搖頭說：「事情不能這樣比，每個時代背景都有

各自的苦，你們現在考試比以前簡單多了，所以還要會一些才藝，也蠻合理的。更何況，現在你們的學習更講求實用性，才不像我們以前傻傻的，老師說要學，我們就得要乖乖學。」

雖然口頭上總說你們的日子比我們好過，但我知道你們現在的壓力，真的也沒比我們少。我有時候確實會擔心，你會不會負荷不了，結果反而決定不要努力，選擇躺平過日子。因為你們現在除了來自同學的比較壓力之外，還有來自各種網路奇才的壓力，像之前有一位國中生，參加生活與科技的科展，他的作品「以新建構之卷積神經網路對腦部核磁共振影像執行多發性硬化症」，獲得第三名的好成績，就連大人都自嘆不如。

所以，你們一方面會覺得自己有很多要學的，一方面又會覺得自己被期待要樣樣都有好表現，這確實會讓人備感壓力。但是，學習真的不是越多就越好。如果學習讓自己很有壓力，也不會有好的表現。就像國際學生能力評量計畫（Programme for International Student Assessment，簡稱PISA）當中的一個結果發現，學生學習的時間長短，和能力表現之間並沒有顯著的關聯性；並不像我們刻板印象中所以為的，花越多時間學習，能力就會越好。

知道哪些是比較重要的？

我知道你們現在可以學的東西很多，但是這不表示你所有的東西都要會，也不是所有的東西都要非常專精。大概只有很少數的天才，可以在很多方面都有傑出的表現。你不要因為少數人極端的表現，就認為自己也要仿效他們，否則自己就是失敗了。對多數人來說，都是要做選擇的，要決定哪些對自己來說是比較重要的，以及要決定在每件事情上分別期許自己可以做到怎樣的水準。

如果你有先想清楚自己要把時間資源用在哪些事物上，以及要做到怎麼樣的水準，那麼你就不會覺得那麼厭世了。**畢竟，好好把幾件事情做好，比起想要做很多，但是都做不好，是更理想的。**那麼到底該怎麼做選擇呢？首要的是你自己很感興趣的事物，這樣的事物或許不是你在學校學科方面的學習。但是學科學習只是人生學習的一部分，雖然能培養些基本能力，但是說難聽一點，有些有可能只是為了應付考試。與其邊念邊罵，還不如把時間花在自己認為更重要的學習上。

就像現在有很多提供給老師的進修課程，雖然內容都很不錯，但是我也沒有辦法全部都去上。即便上課的內容很實用，學了之後就可以馬上應用，這也不代表我全部都要學會。因為每個人的時間都是有限的，如果做了一件事情，就表示沒辦法做另外一件事情。對現階段的我來說，除了進修之外，還有很多想要做的，所以必須要很慎重的選擇自己要做哪些事情、不做哪些。

如果你還不確定自己對什麼感興趣，那要多方嘗試，並且找一些人聊聊，或許就會發現，自己有可能對什麼事物感興趣。在這個年代，人必須要在某些領域有所專精，因為人工智慧已經能夠幫我們把事情做到一定的水準了，你如果浪費時間讓自己可以做到跟人工智慧一般的水準，並不值得。與其那麼做，還不如好好在自己感興趣的部分鑽研。

而且，知識其實都是相通的，當你在一個領域很深入的學習了，你就很容易在別的領域找到關聯性。像我在念博士的時候，我的指導教授每次聽演講，都可以問出跟自己專長領域有關聯性，但又契合演講主題的問題，就是因為他把知識搞得很透徹。

善用各類的輔助資源

雖然現在你可以學習的東西很多，但是也有很多輔助學習的課程或是各種寓教於樂的方案，都降低了學習的門檻。就像以前要學寫程式，可能要懂各種指令，但是現在你可以用口語的方式來輸入需求，就有可能可以把程式寫好了。另外，一些比較枯燥的科目，也都有很多有趣的線上學習影片；或是，像你們最喜歡玩的Pagamo，不就是一邊玩對戰遊戲，一邊學習知識。

只要你想學習，我相信你都可以找到好的學習資源，讓你輕鬆學習，而且又可以學得很好。現在Neuralink公司已經成功把晶片植入猴子，用來促進牠們的學習，未來這樣的晶片，如果可以植入人腦，或許學習就變成把檔案複製貼上的一個過程，只要貼上了，就學會了這個能力，就像經典科幻電影《駭客任務》裡面的劇情一樣。

雖然我覺得從零開始學習是重要的，但對於你這個世代來說，不見得是最有利的。因為，你們可以站在別人的肩膀上，那麼就不一定要學會了，才能夠有好的表現。就像我現在用Canva來協助製作各種平面設計的產物，雖然我不懂怎麼設計，但是我只要知道怎麼調整模板，就可以生成很多美麗的平面設計。或者，你也可以看各種的懶人包，或是知識型網紅的分享，來加速自己學習的效率。

這些幫助學習的資源固然很好，但你要記得保持一顆批判的心，若覺得有什麼地方怪怪的、不合邏輯的，就要想辦法做驗證，確認那是沒有問題的。千萬不要因為那是一個權威說的，或是在一個有知名度的平台上看到的，就覺得那是正確的。我有一個在大學當老師的朋友，去年帶學生讀經典論文的時候，發現了一個不合理的地方，詢問原作者後，那位作者也覺得那裡確實有點怪，還對這幾十年來都沒有人發現，感到不可思議。

雖然以前的人就會用「學海無涯，唯勤是岸」來鼓勵大家要持續學習，但以前能學的東西真的相對有限，要怎麼一直學，我還有點好奇。這句話用在現代人身上，才更有說服力。只是，除了持續學習之外，我們也要做一些選擇，而不是要求自己要盡可能把所有的知識都學起來。

1 學自己感興趣的。

可以學的真的太多了，你沒有必要什麼都學，你該花時間學習自己感興趣的，因為你會比較投入，也比較能夠融會貫通，對自己來說是效益最大的。

2 學最有不可取代性的。

現在常常有人在討論，什麼樣的能力才不會被人工智慧取代。我覺得有這樣的思考是重要的，所以你除了學習自己感興趣的之外，也該想想，學習怎樣的東西，是比較難被取代的，特別是比較難被機器所取代的。

3 保持愛學習的態度。

因為新事物會持續出現，你不太可能不學習。如果你選擇不繼續學習，就會被時代所淘汰。所以，培養一種願意學習新事物的態度，是未來一個人能否成功的關鍵。

爸爸的心裡話

我知道你會覺得現在有好多東西要學，壓力很大。可能常常會覺得，為什麼要學這個、那個，這個在生活中又用不到。我不否認，有些事物的學習，確實比較難直接對我們的生活產生影響。**我鼓勵你在面對這些學習的時候，可以先找到說服自己學習的理由，再開始學習。**否則，你會很沒有動力去學習，遇到困難的時候，也會很容易打退堂鼓。

在國中這個階段，你可能沒有太大的自由度去選擇自己想要學什麼、不想學什麼。但是到了高中、大學，甚至出社會之後，基本上你就可以選擇自己想要學的東西。當你可以自由選擇的時候，你可以找那些你認為對自己有用的，再去學習。只是，我要提醒你，有時候我們以為對自己有用的學習，可能不一定真正如想像的有用；相對的，那些我們覺得沒什麼用處的學習，反而可能會有意想不到的收穫。

你一定做得到的小行動

想一想，如果可以不要學某一樣東西，你不想學的是哪一樣，為什麼？

5

那麼多事情要做，怎麼規劃自己的時間？

親愛的：

昨天你媽要求你要先寫完作業，才能夠開始使用手機，你為此和她吵了起來。

我知道你會覺得，「反正我也只能使用手機二十分鐘，之後還有很多時間可以寫作業，為什麼媽媽要堅持我先寫完作業再玩手機。」我相信當你作業少的時候，先花二十分鐘玩手機，應該還是能夠把作業寫完。但是，如果今天的作業特別多，或是你還要準備考試，可能都要稍微熬夜才能把事情做完，怎麼可以先玩手機呢？

就像之前放長假，我和你媽媽總是要求你和弟弟先把作業寫完，你也是有很多的抱怨，好像我們都在剝奪你們的放假時間。雖然你會覺得，反正都要花同樣的時

間來寫作業，早寫和晚寫有差嗎？更何況，如果晚寫，因為有一定要寫完的壓力，說不定還會更有效率呢！我知道理論上事情早做和晚做，其實差異不大。但是，你要知道你可能會遇上一些突發狀況，如果你把自己的時間排得很緊湊，那麼只要一有閃失，可能就會出錯。比方說，如果有天你想著晚上才要寫作業，結果偏偏遇上臨時大停電，根本不知道什麼時候電力會恢復，那就很有可能會開天窗。

雖然我某部分是希望你可以自主管理自己的時間，但是試過幾次的經驗，不是讓人特別放心。就像上學期期末考前一週的周末，我請你規劃自己的複習時間，結果除了第一個表定行程有照著走之外，其他的行程都沒有如期完成。當我問你為什麼會這樣的時候，你有點不耐煩的說：「就那樣，我也不知道為什麼會這樣？」雖然你會覺得我想要指責你，我或許也有一點想要指責你的意思，但是我更想知道的，是你怎麼看待這件事，有沒有思考要怎麼避免重蹈覆轍。

但是，我又覺得如果一直有人幫你做安排，那麼你永遠都不會知道要怎麼規劃自己的時間。所以，現在的折衷方案就是，平常我們會放手讓你自己規劃時間，只要你有把該做的事情都完成，我們基本上不會囉嗦。但是，到了重要關頭，我們還是會主導你的時間規劃。當然，如果你可以讓我們放心，我們也會慢慢放手。

重點不是時間夠不夠，而是你有沒有好好規劃

你現在才七年級，老師在親師會的時候一直強調，七年級是你們最有時間的時候，之後就會很忙了。也因此，在這個時間點，練習規劃自己的時間，是再好不過的。從我側面的觀察，現在的你，只要能夠專心，那麼就算沒怎麼規劃，也可以把事情做完，甚至還有時間可以休息。縱使如此，我還是希望你可以練習做點規劃，那麼你就能幫自己爭取更多的休息時間。

現在我們不排斥你參加球隊的練習，一方面是因為我們覺得運動是很棒的，另一方面其實是希望保有一點彈性。如果未來你真的沒辦法應付課業等等，還可以從縮短參加球隊的時間開始做起。當然，我更希望的是，你可以更有效的利用自己的時間，不要輕易就放棄了球隊的練習。

時間規劃其實是一門學問，如果你以為只要把時間塞滿，就叫做時間規劃，那就錯了。**好的時間規劃，是要知道自己在什麼時候可以效率地做哪件事，以及一次可以專心多久，以及在專心之後，需要多久的休息，才能再次上路。**比方說，在你要複習不喜歡的科目時，你可能會比較容易出現疲憊的感覺，那麼你就不要安排這

科一次複習太久。有的人，休息之後，可以馬上進入工作狀態，對這樣的人來說，可以多安排幾次短的休息。但是，如果你是那種休息之後，需要暖機才能進入工作狀態的人，可能就要減少休息的次數，但是一次休息長一點的時間。這些事情都只有你才會知道，所以你要更有意識的注意自己做事情的狀態，才會知道怎麼幫自己做最好的時間安排。

事情做不完的時候，規劃格外重要

雖然你現在還不至於覺得事情做不完（某種程度是因為你的標準沒有太高，覺得已經做了八十分的準備，就夠了），但是未來你有很高的機率會發現，自己沒有辦法把事情做完。像對上班族來說，幾乎都有做不完的事情，而且在事情還沒有做完之前，又會有新的工作加上來。這個時候，怎麼規劃自己時間的使用，就顯得格外重要。

以我自己為例，我會先完成一定要做的事情，比方說準備上課的內容，就是不可以不做的。接著，我會做那些有時間壓力的事情，像是我會先準備一週後的演講或是專欄，先不會處理一個月後才要做的事情。如果一件事情沒有辦法快速完成，我就會稍微擬定階段性該完成的目標，然後盡可能照著自己規劃的進度來前進。像是寫這本書的過程，其實是蠻寬裕的，但是我就設定了一個需要完成初稿的時間，並且想辦法定期有進度。

如果有一些事情，是你不想做，但是不得不做的，我建議你要耍一些伎倆。有不少人，因為沒有採取任何策略，結果就拖延症上身，直到最後一刻，才匆匆完成那件事情，通常成果也不會太理想。你可以運用的策略其實蠻多的，像有人會利用三明治工作法，把自己不喜歡做的，夾在兩件自己喜歡做的事情之間，那麼就不會覺得不喜歡做的那件事情，有那麼痛苦，因為前後都有你自己喜歡做的事情。另外，我也會想辦法把那件事情拆解成好幾個不同的部分，然後規定自己多久要完成一個部分。因為每個部分所需要的時間都不長，就不會覺得那麼痛苦，也就能夠順利地完成這件事。除了這兩個方法之外，我相信還有很多其他方法，你可以都試試看，找出對自己來說最有用的那一種。

爸爸的建議

每個人一天都有二十四個小時，有些人可以完成很多，有些人幾乎一事無成。之所以會有這樣的差異，跟你怎麼規劃自己的時間，有很大的關係。沒有人是天生就很會做規劃的，你要多練習，並且從每次的經驗中去修正自己做規劃的方式。

1 提早做準備。

當你死線前才在著急，基本上能夠做的非常有限。所以，你要練習提早做準備，越早開始，你就越有機會做規劃，也能夠減少一些時間的浪費。比方說，剛開學可能比較不忙，若你有早點做規劃，就可以利用不忙的時間，先去做一些之後會需要做的事情。那麼，之後比較忙的時候，就會因為自己已經超前部署而比較從容。

2 先做重要的事情。

每個人的時間都是有限的，如果你花了比較多時間做一件事情，就只剩比較少的時間可以做另外一件事情。所以，在規劃上，一定要先做最重要的事情。此外，你也要提醒自己，因為有很多事情要做，所以不見得第一時間就要把那件事情做到盡善盡美。你可以先求把該做的都完成到一定的水準，之後若還有餘暇，再去精進。

3 保留彈性。

在規劃的時候，很重要的，就是要保留一些彈性。因為我們很難預測，是不是會出現突發狀況，或是自己預留的時間，其實沒辦法完成該做的事情。如果你在規劃的時候，總是把時間安排得很滿，反而容易會因為一件事情延宕了，影響了後續所有的安排。而一旦出現拖延，自己可能又會承受較大的壓力，讓效率變得更差。

我是一個很會規劃自己時間的人，所以看到你沒有好好規劃時間，對我來說是很痛苦的事情。但是，我知道我一定要讓你自己練習規劃，一定要讓你從錯誤中學習。因為，如果都是我幫你規劃，並且在旁邊一直督促你，那麼哪天你需要為自己的時間負責的時候，你可能會不知所措。

我覺得有好的規劃固然重要，但更重要的是，要照著規劃走。這一點是我目前看到你比較大的問題，我覺得那是因為你對自己還不夠了解，不知道自己做一件事究竟需要花多少時間。我不喜歡你因為自己沒辦法在預定的時間內做好事情，就覺得這樣的規劃沒有用，完全不想要做規劃。或許你沒有辦法照著規劃來完成，但規劃有一個功能，就是你至少盤點了自己要完成哪些事情，不至於有所疏漏。

現在你或許還沒辦法成為一個規劃達人，但是只要你願意持續練習，你一定能夠越做越好的。很多人到了出社會工作，都還在學習要怎麼規劃自己的時間，所以你不要因為自己做不到，就覺得很挫折，因為這是正常的。

你一定做得到的小行動

練習幫自己規劃三個小時的行程，事後檢視一下，自己是否有照著規劃做，為什麼？

6

怎麼樣能讓自己聰明一點？

親愛的：

有天媽媽跟我聊天，說到她高中班上有一位很聰明的同學，明明看起來上課都精神不振，但是老師問她什麼問題，她都回答得出來。雖然我有點不服氣，覺得怎麼可能有人那麼聰明，但媽媽舉了很多證據，我也不得不佩服這個人。

你聽到媽媽有這麼聰明的同學，在一旁感嘆說：「真希望我也有那麼聰明就好了，不然都要花很多時間學習，結果還不一定能有好成績。」我聽了馬上糾正你，一個人不是只靠聰明就可以有好成績，如果只有聰明而不學習，最後也是枉然。

你很顯然是不買單，我只好繼續想辦法說服你。我想到一個在很多書中都提到

過的例子：如果網球拍比網球貴1美金，每一個網球拍和一個網球共需要1.1美金，那請問網球拍要多少錢。你聽到我的問題，露出了邪惡的微笑，然後跟我說，「這個我知道，是1.05美金。」聽你這樣的回答，我先是告訴你，「不錯喔，居然沒有上當。」接著告訴你，「曾經有科學家問史丹福大學的學生這個問題，多數人都答錯了。」你很不可置信的說：「那間大學不是世界頂尖的大學，那些學生怎麼可能會答錯？」

看你很有興致，我就告訴你，這是因為要正確回答這個問題，需要用一些邏輯推理。那些聰明的學生，並非推理能力不好，只是他們太快做反應了，沒有仔細思考這個問題。**我們常有一種刻板印象，覺得聰明的人一定什麼事情都能做得好。但實際狀況並非如此，有些聰明人可能還是會被詐騙集團騙走自己畢生的積蓄。**

近來有一個新的能力叫做理商，是由基思．斯塔諾維奇（Keith E. Stanovich）提出的，他認為這個能力跟人是不是可以做出合情合理的判斷有關係，智商高的人，不一定理商也是高的，所以他們也是有可能在生活中犯下荒唐的錯誤。你聽了很是認同，然後還自以為是的說，「那我想我的理商應該很高吧！」身為爸爸的我，實在無語。

很多事情都比智商高重要

其實除了理商之外，我想你應該聽過情商，就是用來描述一個人情緒處理能力的好壞。一個情商好的人，通常人緣比較好，事情也能做得比較好，因為他們不會在遇到困難的時候，就暴怒、埋怨，而是會想辦法解決這個問題。

如果可以選擇聰明的學生，還是情商好的學生，我其實會選擇教情商好的學生，因為他們的學習態度會比較好。他們有可能沒那麼聰明，但是他們願意學習，所以我只要想好怎麼引導他們，他們不見得學習成效就會比較差。但是，聰明的學生，有時候會自恃甚高，覺得自己很了不起，反而不願意聽你的建議。

檯面上有幾個很聰明的人，像是馬克．祖克伯（Mark Zuckerberg），還有伊隆．馬斯克（Elon Musk），應該沒有人會懷疑他們的聰明才智，但是你說大家是否真的會認同他們做事情的方法，那可不一定了。伊隆．馬斯克自從入駐推特之後，就採取了一些很不近人情的措施，不僅開除很多員工，還很任性地做出一些荒唐的決策，讓很多人感到不滿。

所以希望自己可以是個聰明人，恐怕不見得是太好的願望。我能理解你之所以會這樣說，是因為覺得聰明人不用花太多時間複習，那麼你就有比較多的時間可以玩樂。但是，有可能當你那麼聰明的時候，你想做的事情又不一樣了，你有可能覺得電動都太弱智了，而不想要去玩！

與其期待讓自己變聰明，不如更有彈性

其實，除了變聰明之外，若你可以當一個有彈性的人，對你更有幫助。因為我們的環境快速變動，你必須要能跟上環境的改變，快速產出一個最適合那個環境的生存模式。聰明人不見得能夠在這一點上有好的表現，因為他們可能會有點固執，會質疑為什麼環境變了，而不是快速去找出適應的方法。

我覺得你的彈性應該蠻好的，因為每次跟我們約定事情的時候，總是會知道要怎麼鑽漏洞。比方說，約定好只能看電視看到幾點，你就會拿全家最慢的那個時鐘為準。又好比，之前你玩樂高的時候發現零件少了，你就會快速找可以替代的零件，讓我嘖嘖稱奇。

如果你願意的話，我會希望你在做事情的時候，可以鼓勵自己用不同的方式。

就像我在教你解數學題的時候，會告訴你有好幾種不同的算法，你可以依據哪一個方法在那個情境下是最容易的去做選擇。

除了在做同一件事情保有不同做法的彈性之外，你也可以更廣泛的展現彈性。比方說。在自己做事情的規劃上，你可以保有一些彈性，不要覺得一定要先做哪件事情，才可以做另一件。你可以依據自己在什麼樣的情況下做那件事最有效率，來靈活地選擇。像我如果不在電腦前，但有需要寫點東西的話，我就會想辦法先列出大綱，因為列大綱蠻花腦力的，卻不用打太多字，這就是依據情境來彈性調整自己的做法。

年紀輕的時候，我們很容易會覺得只要當個聰明人，生活上就不會有煩惱。但是年紀越大，你就會發現，有時候聰明反而是一種限制，讓你不敢貿然冒險，不敢靠直覺來做事情。但是，我們所能察覺到的大腦運作，只是其中一部分，若我們只仰賴我們覺察到的這些部分，就有點可惜了。

1 想清楚自己為什麼想變聰明。

你想要變聰明並沒有錯，但是我希望你可以想清楚，為什麼自己想要變聰明。若你真的覺得自己因為不夠聰明，所以在想事情的時候有所侷限，那麼就想辦法讓自己變聰明。目前科學上證實有效的做法不多，其中一個是做 n-back 訓練，你可以試試看這個方法。在這個訓練中，通常會讓人持續看到一些刺激，比方說你會看到依序呈現的數字。你要做的，是在看到現在這個數字的時候，判斷這個和 n 個之前的是否是一樣的。當 n=1 的時候，就是要比較現在看到的這個，和前一個是否是相同的數字，以此類推。有一些 app，就是專門設置來作 n-back 訓練的，你可以試試看。不過，如果你只是希望自己可以把事情做得更好，那我想你需要的並不是變聰明。

2 心態對，才是真正重要的。

聰明只是人能否把事情做好的一個要素，可能在一開始會扮演比較重要的角色。但是，若一直都只仰賴自己的聰明，而沒有付出努力，最後也不一定能夠勝出。所以，你該做的，是能夠看清楚自己的能耐，想辦法截長補短，那麼最終的成果，也不一定會比較差。

3 善用工具，幫自己加分。

人工智慧快速推陳出新，最受到矚目的Chat-GPT在二〇二三年三月十五日已經推出了第四版，這個版本號稱可以通過美國律師的考試，顯示智商是相當高的。如果你可以善用類似這樣的工具來協助自己，那麼也能夠突破自己先天上的障礙。

我覺得你會想要變聰明，這整件事情都和我們的社會過於重視考試成績有關係。**因為大家看重考試成績，又錯誤的以為，只要聰明就可以有好的考試成績。所以就錯誤的以為，只要變聰明，人生就可以變美好。但是，你的人生是否美好，和你是不是一個高智商的人，並沒有最直接的關係。**有太多其他的因素，都會影響你生活的狀態，像是你的情緒處理，或是你的人際相處能力。

之前有一部電影《天才的禮物》，講一個數學很有天分的母親，在身故前，把女兒託付給自己的弟弟，她只有一個請求，就是希望弟弟要讓她的女兒有一個正常的童年。因為這位母親覺得自己因為很聰明，導致自己根本沒辦法和其他孩子一樣享受童年，倘若她的女兒有遺傳到她的聰明，她希望女兒的聰明不要被挖掘，讓她可以過一個正常人的生活。雖然這是一個杜撰的劇本，卻刻劃了當個聰明人可能沒有大家想像的那麼美好。

在真實生活中，大陸也有一個很聰明的少年廖葳，因為非常聰明，就跳級進了大學，還有企業贊助他的學費、生活費。但是他因為沉迷於電玩，在學校的表現不佳，不僅瀕臨被退學，也損失了企業贊助。我國中二年級也考過跳級測驗，並且通過了。那個時候我還考了一次高中聯考，因為沒有充足的準備，成績並不理想。當時其實是有可能進入私立高中就讀，不過後來我沒有那樣做，也很慶幸自己沒有做那樣的選擇。因為我本身年紀已經算是班上較小的，若又跳一級，有可能跟同學會有兩歲的差距，在生活上可能就會不大適應。

總之，我真的認為，你不用期望自己可以變成一個更聰明的人，若真的要更聰明，應該要在如何過生活這方面，才是對你比較有用的。

你一定做得到的小行動

找一個你認為最聰明的人，想想你是否希望自己可以扮演他的角色。

7 要怎麼選擇自己要念什麼？

親愛的：

那天我在家裡參加Collego的線上活動，跟高中生介紹輔大心理系，你在一旁偷聽，一邊覺得好笑，因為你很少看到爸爸一本正經的工作模樣。結束之後，你問我：「如果我以後要念心理系，可以嗎？」我回你說，「如果你覺得心理學是你喜歡的，那你就去念，只是可以不要念輔大心理系嗎？因為我不想要教自己的兒子，這樣很尷尬。」

我還來不及問你，目前覺得自己會想要念什麼系，你就先問我，我當時是怎麼做選擇的。我說，「當時，我其實覺得自己對生命科學還有心理學都感興趣，我甚至還參加了清大的生命科學營，大概了解了這個科系是在學哪些知識。」我要上大學

的時候，剛好是複製羊桃莉誕生的前後，生命科學正夯，我大概是覺得如果念了生命科學，也可以有一些很酷的發明，所以就想要去念生命科學。至於之所以會對心理學感興趣，應該就是我自己是想要助人的。

講完之後，我覺得很尷尬，因為如果有學生用前述內容來告訴我，他們是因為這些原因，所以想要念這個科系，我一定會覺得他們很不專業。不過，在我那個年代，資訊流通不易，所以好像也只能有那樣的想像。現在你們可以運用的資源就非常多了，像我去直播的那個平台Collego，上面就有全國各系所的介紹，而且是由系所特別為高中生準備的。除此之外，還有很多人會在網路上做經驗分享，只要你搜尋，就會找到很多相關的資源。

我知道你才國中，所以也沒有想要特別問你，覺得自己以後會念什麼。甚至連你要不要念高中，我都覺得這不是一個必然的選項，因為關鍵的是你對什麼比較感興趣。在臺灣，因為大學很普及，所以父母都會理所當然的覺得，孩子一定要念完大學，否則會落後其他人。這樣的下場就是，很多人從小就不知道自己到底為什麼要念書、升學，只是順著別人的安排來做。我覺得這是不太好的做法，但是要打破這樣的慣例，需要很多的勇氣，不僅孩子不太敢，連父母都不太敢鼓勵孩子這樣做。

在美國，其實很多人都不是高中畢業直接去念大學的，一方面當然是因為學費很貴，另一方面則是，他們覺得自己還沒有準備好，不知道自己為什麼要念大學，又要念什麼科系，所以會先去累積社會經驗。我在英國念博士的時候，有個博士班學長，之前還當過郵差。在臺灣，我們應該很難想像，有人都去當郵差了，怎麼還會來念心理學博士班。但事實上，這位學長不僅拿到了博士學位，現在還在劍橋的研究中心擔任研究員呢！

念大學究竟為了什麼？

在你思考自己大學要念什麼科系之前，你更該問問自己，為什麼你要念大學？

老實說，我覺得現在的大學似乎變成了職業訓練班，學生及家長會期待念了某個科系，就是為了要為某個職業做準備。所以念心理系的學生，就覺得自己以後要成為心理師；念了職能治療系的學生，就覺得自己以後要成為職能治療師。如果一個科系沒有直接對應的職業，大家就會選擇不要去念。這樣的想法，真是蠻荒唐的，因為除了很少數的科系，像是醫學系，很多學生念了這個系幾乎都往同一個職涯去發展，多數的科系並非如此。

如果要把大學當作職業訓練所，不就該去念職業學校嗎？我沒有要貶低職業學校的意思，只是職業學校和大學，原本在定位上就是扮演不同的角色。只是多年前廣設大學的時候，把職業學校都變成各種不同類型的大學，讓這個界線變得模糊了。但是，現在是連官方都在帶頭，鼓勵大學要教學生實用的技能，讓學生未來能夠學以致用。雖然強調知識要能夠有用不是一件壞事，但是過度側重實用性的時候，就會讓人摸不透，大學存在的意義在哪。

所以，我希望你可以想清楚，自己想要的，是不是一定要念大學才能夠得到。如果答案是肯定的，才要進一步去思考自己到底該念什麼樣的科系。

通識教育才是關鍵

雖然想到大學，大家想到的都是各學門專業的學問。但是，如果你去問在不同工作崗位上的人，什麼樣的能力對要做這份工作最重要，你就會發現，其實很多工作最需要的能力，並不是學校教的。比方說，近年來使用者經驗是一個熱門的新興產業，學生一般都覺得自己要有好的研究能力，要有好的設計能力等等，才能夠勝任這樣的工作。但是，臺灣使用者經驗協會幾年來發表的行業工作者白皮書都顯示，最重要的能力是溝通，而不是其他的專業能力。

我自己因為採訪了幾十位念了心理系的社會人士，對於這個調查結果一點也不意外，因為很多學生都跟我說，他覺得心理學幫助他最多的是同理心、了解自己、批判思考等等。**除了在當心理師、輔導老師的人，他們會講到一些心理學專業知識之外，真的很少人會提到對目前工作助益最大的是專業知識。**

雖然大家覺得一般性的能力對自己最有幫助，但是念不同的科系，會培養不同的一般性能力。比方說，在人文社會理論，思辨能力的培養就是很重要的；在科學領域，客觀觀察、精準量測就是重要的一般性能力。這幾年大家或許開始意識到這樣的道理，所以開始強化通識課的教學，希望能夠培養學生社會生存的競爭力。

爸爸的建議

身為一個常需要跟高中生做科系介紹的人，我認為要知道自己是否適合念一個科系，真的很不容易。因為我們以為的那個科系與其真正的樣貌，往往往都有很大的落差。就像你如果只憑外表就想要跟一個女生交往，很有可能馬上就會分手。但是，如果你們是先透過深度的了解，才決定要開始交往，通常戀情可以維持比較長的一段時間。選擇科系也是這樣，只不過是一個比較單向的管道，你可以用不同的方式來認識一個系所，像是看他們的介紹影片、跟那個系所的學生、系友交流等等的。不過更廣泛的說，我認為你要做下面幾件事情：

1 多探索不同的可能性。

在沒有接觸前，我們可能不會知道這個東西是不是自己喜歡的。所以，與其很早就確立自己的志向，多接觸、多探索，絕對是更重要的事情。就像有時候我會覺得，我其實也可以念資工系或是資管系，因為我是喜歡寫程式的。只是，以前沒有想到要去接觸這些領域，結果就和這樣的學門錯過了。要探索的時候，我建議最好是由專家帶著你去探索，否則可能會有錯誤的印象，把一個你可能喜歡的學門，誤判為自己不喜歡的。

2 思考自己的特質。

你未來念高中的時候，學校一定會讓你們做性向測驗，讓你們知道自己可能比較貼近那些學門。但老實說，如果靠一個測驗就可以知道答案，這個測驗還真是非常厲害。我不反對你做這樣的測驗，但是我更希望你可以在生活經驗中去探索，發現自己擅長什麼、喜歡什麼，以及不喜歡什麼。如果你問我，我就會告訴你，我覺得你蠻適合念跟創作有關的科系，你小時候可以輕易用樂高組合不同的東西，或是不看說明書，就可以把被撞壞的樂高模型修好，真的讓我印象非常深刻。此外，你又不喜歡別人用規則來約束你，這就是有一種創作者的氣質。

3 思考現實面。

雖然念書的目的，不是為了要讓自己可以賺更多錢。但是，現實是殘酷的，有些科系念了就是比較不容易賺到錢，沒有錢，生活就很容易遇上一些困難。所以，你可以想想要怎麼做取捨。我自己當年是蠻任性的，沒有想太多。現在回頭看自己，真是年少輕狂啊！

說真的，我覺得大學要念什麼科系，真的不是太重要。這不全是因為我大學本科念的很差，所以我覺得念什麼科系都不重要。而是，**對臺灣的孩子來說，大學是我們第一次開始做自己，開始獨立生活。在這個過程中，怎麼培養獨立生活的能力，結交志同道合的朋友，是更為重要的**。所以，我其實蠻鼓勵大家去做一些跟學業沒關係的事，只要對那件事情有熱情，就值得好好去做，一定會有所收穫的。

不過，如果你真的不知道自己該念什麼的話，我還是可以幫你諮詢的。畢竟，我已經當了幾所高中模擬面試的老師很多年，在大學也輔導過很多學生，幫助他們找到自己的方向。雖然要輔導自己的兒子不一定容易，但若你願意開口，我一定會使命必達。

你一定做得到的小行動

看幾支系所介紹的影片，然後問問自己，是否會想要念這個系所，為什麼？

8

該怎麼面對情緒的影響？

親愛的：

上次段考前，你看起來很煩躁，雖然你一直坐在書桌前，但是感覺得出來，你沒有很專心在複習。當時我問你怎麼了？是不是不太想複習。你點點頭說，「我是不想複習，但是又知道不能不複習，所以很覺得很煩。」看你這麼無奈，我就請你先去放鬆一下，看是要去運動，還是要去走走路。總之，心情煩躁的時候，就算坐在書桌前，大概也不太能做什麼，還不如先不要複習。

我發現，其實你蠻容易受到情緒波動的影響，像是你不小心打破杯子，根本也沒有人責怪你，你就呈現一種很躁動、不耐煩的狀態。而這樣的狀態，通常都要持

續一陣子，你才會恢復正常。雖然你會覺得，自己是因為受到外在的影響，才會有情緒，進而對自己的作息產生影響。但是，這樣的想法其實不大正確。你想想看，為什麼我們一起玩遊戲的時候，弟弟耍賴會讓你特別容易發火，但是我和媽媽都沒什麼反應呢？如果弟弟耍賴是讓你發火的原因，那麼同樣的事情，理論上也應該會讓我和媽媽動怒，但是實際上並非如此。

你仔細想想，就會發現，**對於情緒，你不是只能被動等著受影響，你其實是有主控權的**。這樣的想法和我的老師麗莎·費德曼·巴瑞特（Lisa Feldman Barrett））教授的情緒建構論是吻合的，她認為我們過去對於情緒的理解，存在很大的錯誤。她認為情緒不僅不是被引發的，而且並沒有所謂的基本情緒，人們之所有會覺得有基本情緒，很大一部分是後天學來的。這樣的想法也越來越受到學術界的歡迎，像是荷蘭的心理學家芭蒂亞·梅斯奎塔（Batja Mesquita），認為社會文化對於我們的情緒經驗也有很大的影響，在不同的文化下，就會形塑人們不同的情緒經驗。

所以，與其抱怨自己很煩，不能夠好好做事，**你該想想，這個很煩是怎麼來的，真的是因為有什麼外在的因素嗎？還是只是因為你最近生活作息不正常，身體不舒服，結果被你錯誤歸因為自己心情很煩躁呢？**這可不是我隨便說說，確實有證據發現，身體不適的時候，比較有可能會感受到負面的情緒。

找出適合自己的情緒調節方式

不管你覺得情緒是被引發的，還是自己創造的，你都有很多不同的方式，可以幫助自己調節情緒。我就姑且用情緒發生前、中、後三個階段，來分別告訴你，可以用怎樣的方式，幫助自己調節情緒。

在情緒發生前，你可以採取逃避的策略，比方說你知道有一本數學複習卷難度比較高，每次做完都會覺得很沮喪。那麼，你可以不寫那本複習卷，或是要寫那本複習卷之前，先稍微看一下題目，稍做準備，才開始去寫。這樣的做法，都可以降低你因為複習卷而產生的沮喪情緒。

在情緒發生的過程中，你可以想辦法換個角度去看待這件事，比方說，你在比賽沒有獲得理想名次的時候，可以想想自己參加比賽有哪些收穫，以及和過去相比，自己是不是進步了之類的。你甚至可以用一個第三視角來看這件事，都有可能不會有那麼負面的情緒。

在情緒發生之後，你可以淡定面對，接受自己有這樣的情緒。很多時候我們之所以會為情緒所苦，都是因為遇到負面情緒時，會有一種批判的心情，認為負面情緒不好。但是，若你可以正視負面情緒的存在，並且想辦法與它共存，負面情緒對你的影響，反而會比較小。

調節情緒的方法真的很多，每個人都有不同的偏好，而且在不同的情境脈絡下，有些方法可能又比其他方法更有用。你要多嘗試、比較，才會知道對自己來說，怎樣的方式最能夠有效幫助你調節情緒。

有些情緒會持續很久

有些人，可能因為生理、心理的雙重影響，以至於有了憂鬱、焦慮的症狀。一旦有這樣的症狀，就不單純靠情緒調節的方法，就可以改善他們的狀態。比方說，憂鬱症患者通常都會有負面思考以及反芻的現象，腦海中會不斷出現一些負面的念頭。在這樣的狀況下，你就很難鼓勵他們換個角度去思考，因為這對他們是不容易的，而且他們也可能換了一個角度，還是會看到當中比較負面的部分，所以轉換角度根本無法發揮用處。

就算沒有憂鬱、焦慮，你也有可能長期處於一種低潮的狀態。像這種沒有特定原因的負面情緒，通常比較棘手，因為無法對症下藥，快速改善一個人的情緒。如果你遇上了這樣的狀況，記得不要急躁，給自己多一點的時間來面對。若你發現，自己好像做什麼都沒有辦法改善自己的狀態，那麼一定要主動尋求別人的協助，像是家人、比較親近的朋友，或是學校的輔導老師等等。若狀況更嚴重一些，可能就要考慮向諮商心理師或是臨床心理師求救了。

這邊給你一個提醒，如果你已經沉浸在某種負面情緒一段時間，也不用急著要跳出這樣的情緒，因為你的大腦已經演化出一套生存的法則，這個時候，如果貿然做出改變，即使是好的改變，對你都不一定是利大於弊。就像心理師陪伴個案，也不會因為他們憂鬱，就馬上給他們一些SOP，要求他們一定要照著做。通常他們都會先了解個案，然後跟個案一起擬定一個比較適合的方式，循序漸漸做出改善。

爸爸的建議

情緒是一個讓人又愛又恨的概念，因為情緒，我們的生活變得比較多采多姿，但也因為情緒，我們的生活容易受到波動。在你人生的旅途中，不太可能完全不受到情緒的影響，我只希望你可以學習一些正確的方法，並且在有需要的時候加以善用。

1 覺察自己的狀態。

其實多數的情緒都是有跡可循的，如果你可以早一點發現，就能早一點採取一些措施。所以，定期檢視自己的狀態，看看自己生理上是不是有什麼不一樣的狀況，或是心理是不是有怎樣不好的小念頭，對自己都是有好處的。這樣的做法，某種程度上算是預防勝於治療，因為你在強烈的情緒到來之前，就先出手預防了它發生。

2 在對的時間點處理情緒。

直覺上，我們會覺得情緒一旦發生，就要趕緊處理，以防這個情緒對自己產生不好的影響。但實際上，越早處理不一定越好。因為有的時候，情緒的強度很強，如果你選擇馬上直球對決，可能會受傷。與其這樣，還不如等待一段時間，讓情緒強度變弱，再去思考自己可以怎樣面對。

3 把情緒當作助力。

一般而言，我們都會覺得情緒對自己是不好的。但是，即使是負面的情緒，都有可能可以對我們發揮正面的影響力。像是你某次考試考不好，覺得很難過，反而會想要痛定思痛，讓自己變得更好。在這樣的狀況下，難過這個負面情緒就成了讓你變得更好的助力。另外，一些研究發現，人在不同情緒下的思考模式會有所不同，你可以善用這樣的不同，來幫自己做出一些有利的決策。

很多時候，看到你因為一些雞毛蒜皮的事情，有很大的反應，都覺得實在不是很恰當。但是我知道要改變自己習慣的反應方式不容易，所以我們也一直鼓勵你，可以先冷靜一下，不要有太多反射性的反應。你要知道，現在你遇到的一些不順遂，跟以後你會遇到的不順遂相比，根本就微不足道。如果你現在面對這麼小的不順遂，都像是使盡全身的力量來做反應了，萬一遇上比較大的不順遂時，你是不是就要崩潰了呢？

我自己在接觸了巴瑞特教授的情緒建構論之後，對理解自己的情緒有很大的幫助，也因為知道自己是情緒的主人，當我覺得自己快要進入負面情緒的時候，就會特意提醒自己，現在不用演那一齣戲碼，可以換一個喜劇來演。老師的書《情緒跟你以為的不一樣》，是一本很棒的書，但內容比較困難一點，所以我推薦你可以看巴瑞特教授在TED的短講，書中最精華的部分，都有出現在那段影片中。希望你看完之後，能夠對於怎樣掌控自己的情緒，有更具體的想法。

巴瑞特教授TED Talk

當你下次有情緒波動的時候，觀察一下，情緒對自己產生了哪些影響。

PART 4

價值篇

你總是質疑——

為什麼「人工智慧那麼厲害，

我還要繼續念書」？

為什麼「我就是禁不住手機的誘惑」？

為什麼「虛擬世界比真實的生活更精彩」？

為什麼「我一定要關心社會的生死問題」？

為什麼「我不該期待立刻就獲得好處」？

親愛的孩子，我想跟你說……

1

人工智慧那麼厲害，那我幹嘛要繼續學習？

親愛的：

你那天說資訊老師跟你們介紹一本繪本《*Alice and Sparkle*》，因為這繪本的圖和文字，都是利用人工智慧生成的。老師還半威脅的跟你們說，這學期也要你們如法炮製，用人工智慧來製作一本繪本，當作期末作業。

你說同學們一開始非常興奮，覺得可以不用自己寫、自己畫，可以輕鬆交差。但是，老師分享了這個作者的創作過程之後，你們就發現事情沒有想像的那麼簡單。因為用人工智慧來繪圖的時候，若沒有用額外的指令，對於圖片的控制力是很低的。你說你才不擔心，因為這一定還是比自己動手容易，所以根本沒放在心上。

聽你這樣說，我不知道該慶幸你的神經大條，還是該替你的不擔心感到擔心。我馬上問你，「那你有試用過老師講的工具了嗎？結果又如何？」你很有自信的說：「當然有，我覺得就沒什麼問題。我還請它寫一個跟空氣有關係的笑話，你一定想不到吧！」當時，我很努力地想，想要證明人腦應該還是比人工智慧聰明一點。但是，我真的想不到。後來，你很得意的告訴我：「為什麼空氣不肯跟音樂家結婚？因為他只是個吹噓大師，沒有真正屬於他的東西！」

你還順勢問我，我會叫學生用人工智慧來寫作業嗎？當時我愣了一下，因為在我的理念中，學生應該要有獨立思考的能力，用人工智慧來幫自己寫作業，這到底哪裡跟獨立思考有關係了？不過既然國中老師都敢放手讓學生用人工智慧來寫作業，理當更開放的大學老師，怎麼可以輸人呢？我停頓了一下之後，就告訴你當然會。

你似乎感受到我心中的猶豫，又加碼要我「講個例子來聽聽吧！」我就說，我在普通心理學的課程中會介紹一個跟學習有關的理論叫做工具制約，就是人的行為會因為行為的後果而改變。通常我都會叫學生利用工具制約，來設置一些可以改變人類行為的做法。既然要用借助人工智慧，就要換個方向，問他們要怎麼提問，人工智慧給出來的答案會是最好的。

我的回答想必出乎你的意料，但應該還算合理，所以我感受到你默默認同了。本來以為我就可以解脫了，想不到你又接著問我：「那如果人工智慧那麼好棒棒，那我們還要念書幹嘛？我們應該只要學習怎麼好好提問，不就好了嗎？」如果是幾年前的我，應該會很有自信的告訴兒子，那可不行，因為現在的人工智慧還很笨。可是，現在一些證據都顯示，人工智慧在某些任務上，可以達到人均的水準，所以我不能這樣搪塞過去。

我反問你，「你怎麼知道它的答案是正確的呢？有些可以馬上檢驗的，當然沒有問題。可是，如果你問的問題是沒有辦法檢驗的，那你怎麼知道它給的答案是正確的呢？比方說，你如果問人工智慧，要怎麼當一個好兒子，你怎麼判斷這個答案是正確的呢？」你還沒等我講完，就插話說：「我更想問它，怎麼當一個好爸爸，然後把這些念給你聽！」

面對人工智慧的發展，學習也該改變

我知道的答案沒有辦法完全說服你，因為你心裡想著，既然都可以請人工智慧幫忙了，為什麼還要那麼辛苦的學習。某種程度上來說，我也認同，像是我自己在工作上，也會利用人工智慧來幫我寫程式碼，或試用一些自動化的工具，來提升工作效率。

但是，我更想回歸我們為什麼要學習這件事情。對我們遠古的祖先來說，學習是為了要生存，如果沒有學會面對天敵要逃跑，可能就活不了。對現代人來說，學習其實也是為了生存，只是我們面對的挑戰不是會把我們吃掉的天敵，而是像金錢、壓力、生命的意義等等的課題。至於為什麼學校不教你們那些，這個我實在也沒有好的答案。如果可以的話，我也認同教育需要有很大的變革，而且是做有意義的變革，而不是為了一些意識形態去做改變。

我認為，現在的學習應該把重心放在思辨的能力，判斷事情的對與錯。這件事情看似簡單，其實不太容易。就像你玩《傳說對決》，如果沒有實際使用過某個角色、某個武器，你怎麼會知道它是比較好發揮的呢？即便有關於這個角色、武器的說明，但在不同情況下使用，就會帶來不同的結果。一個有經驗的玩家，才能做出好的判斷。

當然，你也可以找一些方法來幫助你做驗證，以剛剛《傳說對決》的例子，你就可以問比較有經驗的朋友，讓他給你建議。除了問人之外，你也可以用一些有權威性的網站、書籍等來做驗證。總之，用人工智慧省下的時間，也不是都拿去玩樂，而會需要用在別的部分。如果你以為人工智慧可以讓你不用學習，有很多時間可以玩樂，就有點曲解人工智慧了。

那麼該怎麼運用人工智慧？

對現在的你來說，你可以利用人工智慧來輔助你學習一些你感興趣的東西。我記得你之前很想要寫遊戲程式，也確實用 scratch jr. 寫了一些東西，這就是一個可以嘗試的方向。你可以先去圖書館找一本寫遊戲程式的書，有一個可以參考的基底，再善用人工智慧的協助，來幫你處理一些你沒辦法解決的問題。用寫程式來熟悉人工智慧，是很好的一個做法，因為你可以馬上驗證人工智慧給的答案是不是正確的，就沒有前面我提到的疑慮。

但是我要提醒你，寫遊戲程式比起要創作一本繪本，或是請人工智慧講一個笑話難多了。千萬不要覺得，你只要請它寫一款好玩的遊戲，就會得到成果。偷偷告訴你，我有下過這個指令，結果得到的是像《終極密碼》的遊戲，我想這應該不是你心目中想要的遊戲吧！這可能是目前的限制，也可能是這些人工智慧公司的陰謀，不想要讓你免費得到太好的東西，不然對他們來說，並沒有好處。

所以，對現階段的你來說，人工智慧大概還是需要一些工人智慧的輔助。**也就是說，你那天真的以為只要靠人工智慧，我就什麼都不用會的想法，現在還是行不通的。**雖然這樣說，但我鼓勵你可以好好研究一下，看看怎麼讓人工智慧幫上自己的忙。

爸爸的建議

面對科技，年輕的一代總是比年長的一代更在行，所以與其說是建議，還不如說是我的一些心得。我相信，即使是現在，你一定就知道一些我不知道的用法。所以，若你願意，我們可以多切磋切磋，或許彼此都會有所成長！

關於人工智慧，我的幾個心得是：

1 不要有太美好的期待。

雖然我們會看到很多人分享自己用人工智慧做了一些很厲害的事情，但是這些厲害的事情，往往不是輸入一個指令就可以完成的。就像你的老師介紹的那本繪本，背後是很多的微調，才生成的產物。

2 建議用在你能掌握的事情上。

人工智慧的產物，看似美好，但不見得沒有問題，至少現階段來說，出問題的機率還是高於我們的預期。所以，我比較建議你用人工智慧來做一些你可以掌握的事情，也就是說，你可以確認它是否正確。像我就會用人工智慧來幫助我做初步的中翻英，然後自己再去潤飾，就會比起從頭開始翻譯快上很多。

3 多參考別人的使用經驗。

網路上有很多人會分享自己使用的經驗，我鼓勵你可以多參考別人的經驗。像是前一陣子，有學生就告訴我，在問問題之前，可以給人工智慧一個人設，得到的答案會好很多。比方說，你想要知道怎樣可以降低自己緊張的情緒，問這個問題之前，可以先請人工智慧從一個資深心理師的角度來回答問題，獲得的建議就會專業很多。

我知道你心中有很多的無奈，覺得既然人工智慧能夠做那麼多，自己為什麼還要學習。我不否認，隨著科技的進展，很多的學習看起來有點多餘。但是，這並不表示你就不用學習，而是學習的型態和目的該有一些轉變。

在體制內，這件事情可能不容易改變，但是並非完全不可能。如果你有什麼想法，我都很願意跟你討論，看看我們是不是可以做一些有趣的嘗試。若你願意，你也可以拿一些有趣的想法去跟老師討論，或許老師也會覺得這是可以試試看的方案！

不管如何，我希望你能夠用一種開放、包容的態度來面對這些新科技。多去想想怎麼善用這些科技來幫自己成就更多，而不是只想著怎麼運用科技幫自己減少麻煩。

你一定做得到的小行動

找一個人工智慧的應用方案，如ChatGPT，體驗一下，然後想想這個方案，可以應用在自己平常做的哪些事情上。

2

手機的使用成常態，該怎麼抗拒誘惑？

親愛的：

有個星期天早上，我八點多叫你，你還是起不來。我本來想說你平常都早起，假日就讓你多睡一下，所以讓你再多睡了半個小時。可是，後來一看手機的使用紀錄，發現你從晚上十一點多就一直在使用手機，一直到了凌晨三點半才沒有用。還好你當時不在場，不然一定馬上被我罵到狗血淋頭。

你回家後，我嘗試冷靜的問你，為什麼晚上不睡覺在用手機。你有點不耐煩的回我說：「我就睡不著……」看你一點反省都沒有的態度，我本來想放你一馬的，當下決定要跟你正面對決。我很嚴肅的質問你，睡不著根本不是玩手機的藉口，而且

玩手機只會讓你睡得更不好，這可不是我隨便說說，而是真的有科學家做研究發現的，因為手機釋放的藍光，會影響人們的睡眠機制。

我知道你覺得我們管太多，以至於你每天只有二十分鐘可以使用手機。但是，我覺得你的自我控制能力還不夠好，沒有辦法抵擋各種遊戲、app的誘惑，所以還沒有辦法讓你自己管理。**當然，這也不全然是你的錯，因為那些東西，本來就是朝著要讓人上癮而設計的。所以，除非刻意提醒自己，人們很容易就會一直使用下去。**就像我有時候滑手機也會出神，再次回神的時候，半個小時已經過去了。

因為你那次偷玩太久，我把你的手機沒收了。在這段時間，我發現你又恢復早起的習慣了，而且精神也比較好。我就調侃的問你：「是不是覺得這樣很棒，其實沒有手機的日子也還不錯。」你不以為然的看著我說：「一點也不好，而且我早起和沒有用手機，並沒有關係。」

不管你願不願意相信，手機的使用真的會對人類產生影響。曾經有幾個認知心理學家，相約去旅行，而且他們約定好了，在旅程中他們都不能使用手機。對於這些教授來說，不能使用手機也是有點挑戰的，尤其是其中一位教授還在等一個重要的結果。一開始，他們會有點焦慮不安，但是幾天過去之後，他們發現沒有使用手機的自己，其實思緒更清晰。在這趟旅行結束後，還有教授說他以後要定期戒斷手機，讓自己可以寫出更好的論文。

你沒想過的影響

我知道你在手機使用上，想到的可能只是自己使用時的快樂，以及不能使用時的鬱悶。但是，手機的使用對人的影響是很多面向的，而且很多影響是我們從來沒有想過的。我看過一部類紀錄片《智能社會：進退兩難》（*The Social Dilemma*），裡面提到人們以為自己可以透過社群媒體來維繫情誼、認識新朋友。但實際上，社群媒體還有可能對我們產生洗腦的效果，因為平台可以刻意投放一些訊息，來影響你對於某些事情的態度。

臉書自己就曾經做過一個研究，他們透過讓用戶多看一些正向的貼文，或是多看一些負向的貼文，來記錄情緒對人們貼文的影響。結果印證了他們的假設，那些看到比較多正向貼文的人，自己的貼文也會有比較多是正向的。這個研究發表的時候，掀起了一番討論，因為有些人認為這違反了研究倫理。但是，臉書表示，在用戶註冊的時候，就知道自己在使用的過程中，會參與一些研究案，用戶必須同意才能夠完成註冊。

另外，因為使用一些手機app的時候，用戶是可以匿名使用的，因此很容易就造成網路霸凌的現象。這幾年，在臺灣也好，在世界的其他角落也好，都有不少人因為網路霸凌而選擇結束生命，其中也包含了一些知名的網紅。

所以手機的使用，真的不是只有讓我們生理方面受到影響，像是視力受影響、肩頸痠痛等等；我們的心智運作也在無形中受到影響，包括情緒、專注力等等。因為現階段還沒有足夠多的研究，所以不知道手機的使用，到底還會對人產生哪些影響。

有意識的使用，才不會變成被使用

雖然手機的使用對我們有不少負面的影響，但我自己也知道，我們不太可能完全不使用手機。因為我深信，所有的東西，對人的影響都不是很簡單的一定就是好，或一定就不好。就拿手機使用為例子，其實為我們的生活帶來很多的便利，只要手機在手，很多事情都可以完成。但是，如果整天都在使用手機，自己的作息就會受到影響，可能成績會變得不理想，或是工作績效會變差。

所以，我建議你在使用手機等科技產品的時候，要更有意識一點。所謂更有意識一點，就是要更清楚知道自己的目的，而不是一拿到手機，就被各種app吸引。等用了很長一段時間，卻連一開始要用手機做的事情都沒完成，這樣就蠻不理想的。如果你發現一碰到手機，自己就像失了魂似的，那就意味著你已經不是有意識在使用了，就該把手機放下了。

我跟你分享爸爸最近使用智慧手錶的心得，我本來以為一直收到提醒，會造成干擾。但其實多數的提醒都不是重要的，在手錶上稍微看一下，就可以把提醒滑掉；又因為手錶上沒什麼可以操作的，就不會沉迷於手錶的使用。這跟在手機上看提醒是完全不一樣的，因為連我都會在被手機的提醒吸引之後，又繼續用了好一陣子。所以用智慧手錶對我來說，更容易達成有意識的使用，我也比較不會覺得是自己被工具使用，而真的是我在使用工具。

在你未來的生活中，科技絕對扮演一個很重要的角色，所以我們其實不想要完全禁止你使用手機這類的科技產品。但是，在找到可以讓你不要成癮的好方法之前，我們還是沒辦法完全放手，讓你自己去管理這類產品的使用。

1 審慎規劃使用時間。

你或許會覺得我們規定你一天只能使用二十分鐘很短，但是你可以回顧一下自己到底把這些時間用在什麼事情上，以及這些事情是否真的有非做不可的必要性。我之前之所以覺得上了國中要讓你使用手機，是擔心你沒有使用手機跟同學社交，會被孤立。但是看了你的手機使用紀錄，我發現自己根本多慮了，因為你很少和同學用社群軟體在傳訊息，也就是說，有沒有用手機，應該都不會影響你的社交。當然我們也保留一些彈性，如果二十分鐘真的不夠你必要性的使用，我們就可以把這個時間延長一點。

2 訂立使用規則。

前面我有提到有意識的使用，所以我建議你除了規劃使用的時間之外，也要幫自己制定一些使用的規則。比方說，若真的想看短影片，一天也只能看三則短影片。剩下的時間，可以拿去做別的事情。我知道二十分鐘其實真的不能幹嘛，但你要預想未來你可能有更多時間可以使用手機，那麼訂立使用規則就是相當必要的做法了！

3 找到別的快樂。

在你手機被沒收期間，我發現你除了作息變正常之外，還發現你又開始閱讀了，我覺得這真是太棒的一件事情了。你現在或許覺得自己的快樂，和手機脫離不了關係，可是二十年前的青少年根本沒有手機可以用，他們應該也沒有比現在的你們不快樂。甚至有一些統計資料顯示，手機、網路的使用，讓青少年變得不快樂，而且有憂鬱症的比例也提升了。

爸爸的心裡話

我自己身為一個宅男，知道我實在沒有立場叫你少用手機、少碰網路。每次你在質疑我為什麼可以用那麼久的時候，我常會搪塞你說，我在工作。

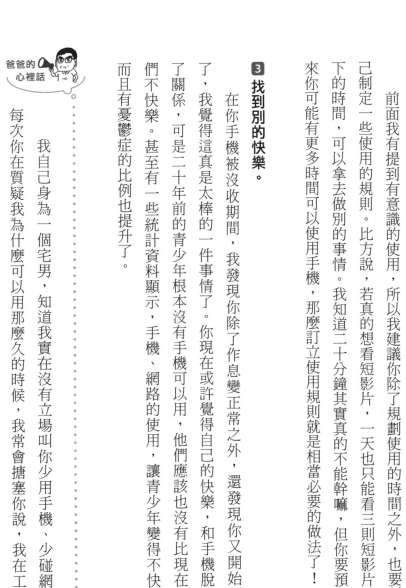

雖然不少時候，我確實是在工作！但我想告訴你，我對科技產品的使用，真的是相對開放的。只是，你要端出合理的做法，而且一旦約定好的事情，就能夠履行約定，那麼我也可以很有彈性的。

只是，我要提醒你，也要提醒自己一點，那就是我們真的不要小看了手機對我們的影響。在伊蓮．福克斯（Elaine Fox）的《心適力》這本書當中，她提到一個蠻有意思的觀點，**就是在有了手機之後，人們生活中的不確定性下降了，而這件事情大大影響了我們的思維。**用白話來說，就是手機讓我們變笨了，因為手機的使用，減少了我們需要思考的場合，而我們也習慣性去相信手機給我們的訊息，而當我們越相信手機，就越不會去思考。我覺得這是我們真正需要警惕的！

你一定做得到的小行動

想想如果有一天不能使用手機，你會怎麼規劃這一天的行程？

3

虛擬世界比較精彩嗎？

親愛的：

前幾天因為家裡網路有問題，我把路由器重新設定，想不到我突然聽到你在房間怒吼。接著，我就看到你跑出來質問我，「為什麼網路突然掛掉了，我打排位賽打到一半，這樣會被扣等級……」因為你很急躁，又講了一堆我聽不懂的術語，以致我不是特別想要理你。

後來看你氣消了，我才去問你剛剛究竟怎麼了。你講著講著又有點激動，我這才知道，原來剛剛斷網對在遊戲世界的你有很不好的影響。可是，這也不是我故意造成的，我只能鼓勵你下次再努力了。因為我不是一個愛打遊戲的人，其實不太懂

為什麼有人會喜歡打遊戲，還非常著迷。你看我這樣懵懵懂懂，就跟我解說打遊戲的好處，包含了很紓壓、有成就感、交新朋友，而且如果獲得很好的寶物，還可以賣掉賺錢。

聽你這樣解說，我聯想到了之前看的電影《一級玩家》，故事設定在未來，人們除了有一個真實生活中的身分之外，還有一個在虛擬世界的身分。片中的主角們，在真實生活中過得並不如意，對他們來說，在虛擬世界的身分，就是重獲新生，可以過一個自己比較想要的人生。

我一邊跟你介紹這部電影的劇情，一邊想要知道你對於這種虛擬世界的看法。你反應也很快，就說這樣感覺超棒的，因為可以換一個身分過日子，就像平常玩線上遊戲，也算是轉換身分在過日子，只不過僅限於遊戲內。你還很著急的問我，現在有沒有這樣的遊戲，你想要去體驗一下。

我語重心長的告訴你，雖然現在有一些類似《一級玩家》中的虛擬生態，但是都還蠻不成熟的，重點是使用的人也不太多。像Meta公司投入相當多資源的*Horizon World*，依據比較樂觀的使用報告，每天也只有八千多人在使用，這跟Meta公司的臉書，每天估計有二十億人在使用，真的相差太多了。

虛擬實境和線上互動還是不大一樣

有些人會覺得，疫情嚴重的時候，很多人是線上工作、開會還有上課，既然都已經有這樣的經驗，要接受虛擬實境，應該不會太難吧！我覺得有這樣的想法是過度樂觀，因為有些人還是不太適應線上的互動方式，像蠻多學生其實都比較偏好實體上課，而不喜歡線上上課。連跟真實生活很接近的線上互動，都有人不太適應了，更別說和真實生活差距很大的虛擬實境了。雖然在一些戲劇作品中，把虛擬實境描繪得栩栩如生，但真實的狀況並沒有那麼美好。

不過，未來虛擬實境的世界，是很有可能跟真實生活非常像的。就像現在一些所謂的4D電影，就會透過影像、氣味、動作、觸覺等感官的刺激，來讓人有身歷其境的感受，也的確很真實。就像我們去樂高遊樂園看3D電影的時候，不就會感受到自己在飛翔，而且伴隨著劇情，還會有水從天上灑下來，有風吹過來。我相信只要能夠克服這些技術上的困難，人們很有可能會無法區分虛擬和真實的世界。

如果再科幻一點，有可能像影集《黑鏡》一樣，透過刺激大腦，來讓人以為自己已經進入了虛擬的世界。其中有一集，描述一個技術讓人可以在虛擬實境中回春，享受青春年華。一直到那一集的後半部，觀眾才會恍然大悟，原來剛剛描述的都是在虛擬世界中發生的事情。相較於現在虛擬實境頂多只能讓人做懷舊治療，像影集中描述的那種虛擬實境，真的還蠻讓人心動的，特別是當自己已經老了的時候，若有個方式可以讓自己過年輕的生活，是很棒的。

未來或許不是要不要用，而是怎麼用

因為我很喜歡接觸新科技，也對科幻電影中描繪的未來世界很感興趣，所以我基本上很看好虛擬世界的發展。**我認為以後的問題不是我們要不要用虛擬實境，而是我們打算要怎麼用。**目前虛擬實境最常被應用在教育以及治療上面，有一個回顧性的研究就發現，虛擬實境的治療和實體的治療，效果並沒有差異，也突顯了虛擬實境的潛力。

所以我們該想想，最希望可以在什麼時候使用虛擬實境。像我可能就會希望在看電影或是看劇的時候，能夠有沉浸式的感受，覺得自己就在那個場景。另外，如果和異地的親友互動時，若可以不僅是透過視訊的畫面，而是更真實感覺他們出現在自己面前，最好還能夠有觸覺上的感受。其實現在就陸續有一些體感的產品問世，就是希望能夠帶人們觸覺方面的體驗。比方說，有一個設備，是你可以親吻它，然後它會把感受到的壓力，反映在另一端的設備上。倘若你的情人吻著那個設備，就會有種跟你接吻的感覺。

不過，這些想像都太侷限了，因為本質上，這些只是希望可以讓虛擬實境的世界，和真實的世界更貼近一點。但是，應該可以有更有趣的應用，像是剛剛提到的影集，就讓人可以在虛擬實境中回春。如果可以模擬自己做了不同的選擇後，會有什麼樣的後果，似乎也是一個很有趣的應用，可以幫助很多有選擇困難的人。

我知道對你這個世代來說，真實生活可能沒有線上生活來得美好，所以不少人選擇逃避真實生活，而是在網路上過生活。而未來的你，也很有機會可以體驗在虛擬實境中過生活。因為現在我們對那樣的生活型態接觸的還不多，你可能會遇上一些衝擊，所以我希望你可以想想這些事情：

1 為什麼一定要進入虛擬世界？

雖然我認為以後，不是要不要進入虛擬世界，而是要進入怎麼樣的虛擬世界。即便如此，我希望有朝一日要使用虛擬實境的時候，你可以很清楚知道，自己為什麼要使用，而不是為了使用而使用。就像對一些老年人來說，他們不覺得自己需要使用網路，使用網路確實也不太能改善他們的生活，他們也就沒有使用的必要。所以，你可以想想自己有沒有什麼非得要用虛擬實境的理由，有了篤定的答案，再去使用。

2 別忽略了真實世界的生活。

假設未來的人們，還沒有完全放棄真實世界的生活，那麼你就不適合完全把重心放在虛擬的世界。就像現在，有一些人沉迷於網路世界，結果荒廢了自己在真實世界的生活，就不是太理想的狀況。不過，到底要怎麼找到一個平衡點，我覺得是蠻不容易的。我自己使用網路的經驗是，很容易會跟網路世界的人維繫關係，而忽略了在真實世界中的人際關係。這也很有可能會在虛擬世界中發生，而這究竟是好事還是壞事，我沒辦法給你一個簡單的答案。

3 若可以，參與這方面的開發吧。

我覺得可以幫人們打造虛擬世界的樣貌，是一件很酷的事情，這有點像是假裝自己在開創一個新世界，好像自己是造物主一樣。你從小就很會設計遊戲，我相信若你可以把這樣的能力，應用在設計虛擬的世界上，會有很好的發揮。畢竟要開創一個新的世界，需要考慮非常多的環節，有些甚至還是在真實世界不曾出現過。

看到你沉迷於遊戲、影片的時候，我其實蠻憂心的。但是，同時又會覺得，我幹嘛這麼煩惱呢？因為，這就是屬於你這個年代的生活方式，我好像也沒有必要剝奪你這方面的權利。只是，我覺得自己有義務提醒你，當你的生活不是完全脫離於現實的，還是要面對現實生活中的大小事。不能覺得自己可以躲到另一個世界，就不需要面對在這個世界的事情。

另外，我也蠻希望你可以把自己在另一個世界得到的美好經驗，帶回到自己真實的生活中。現在可能是從網路世界，未來可能是從虛擬實境的世界，總之，可以練習把好的部分帶回到自己真實的生活中，讓自己日子可以過得更好。反之，若你在真實生活中有什麼好的部分，也可以帶到另一個世界去。總之，就是要想辦法讓自己可以好好的。

你一定做得到的小行動

想一想，如果可以建構一個理想的虛擬世界，你會打造一個怎樣的世界？

4

被即時反饋制約了，怎麼逃脫？

親愛的：

那天你玩遊戲的時間已經到了，但是你差一點就可以升級了，於是求我讓你再多玩一下。雖然我搞不懂升級可以怎麼樣，但我不想要到時候變成罪人，就讓你多玩了一下。在你順利升級後，我問你升級有什麼好處，你滔滔不絕的告訴我：「好處很多，像是以後又有新的人物可以選擇，而且級等不同，蠻值得驕傲的。還有，如果不升級，就會被降級，這樣我之前投入的努力，都化為烏有了。」

聽你這麼興奮的分享，我不想點破一個盲點，就是：在虛擬世界的級等，對你在真實世界的影響，真的少之又少。雖然偶爾聽到有人把自己的帳號用高價賣出，

但是你看起來也不像是會賣掉帳號的人，那麼這些就真的是一些虛擬的東西。我雖然不玩遊戲，但是我有在社群平台上做分享，我可以了解那種即時反饋的效益。像是如果貼文有很多人按讚、分享，我那天的心情就會不錯；如果自己精心準備的內容，都沒有什麼人回應，就會有點沮喪。我之前也曾經因為沒有得到好的回應，就選擇暫停更新podcast，或是關閉平台。

現在我們所處的大環境，說真的，對大腦是非常大的挑戰。首先，環境快速變動，大腦還來不及適應，環境可能又變得不一樣了。再者，因為現在有網路的關係，人類所接收的各類資訊爆炸，已經遠遠超過我們能夠處理的量。最後，也是最重要的，就是我們行為的主動性下降了，意思就是說，很多時候我們之所以做一件事，並不是因為我們想要做，而是被外力影響，因而不由得去做了那件事。我們現在的處境，就有點像不大懂事的寶寶一樣，只要有人拿著食物引誘，我們就會上鉤。

更可惡的是，想要引誘我們的人，知道一次給太大的好處，發揮的效益不大。所以，他們會一次給一點點好處，等到這個好處的效益快要消失之前，再給上一個好處，讓我們不由得對他們產生依賴。所以，不論是你在玩的遊戲、看的影片，或是我在使用的社交平台，基本上都是用同樣的原理在運作的。

不是所有事物都能馬上有成果

雖然我認為做什麼事情都希望馬上得到好處，是一件不太好的事情。但是我也不得不承認，早期行為主義的心理學家就發現，做一件事情之後，如果馬上得到反饋，最能夠有效改變未來從事這個行為的頻率。比方說你玩遊戲破關，馬上得到一個寶物箱，你就會更想要玩這個遊戲，因為你預期可以得到更多的寶物箱。相對的，如果你上課玩手機，被老師罰站，你未來就會避免上課的時候玩手機。

可是，在生活中，並不是所有的事情都能夠馬上就有成果，或應該說，讓人有感的成果。比方說，種植植物，就不可能期待昨天播種，今天就要開花、收成。或是像你學習一種樂器，雖然學了一定會有一些收穫，但是若你學了一天，就期待可以彈奏出悠揚的樂章，應該會感到失望。

面對這樣的狀況，目前看到的主流解決方法，並不是希望培養人們耐心去等待，而是讓你不管做什麼都可以看到即時的成果。對於這種現象，我是又愛又恨，因為我知道用這樣的方式，有很高的機率會讓人們願意繼續做這件事，倘若是套用在學習上，其實是件好事。但是，我也擔心若人們習慣了這樣的機制，那麼以後可能就完全不會想要去做那些沒有即時好處的事情。

其實，這樣的現象已經開始蔓延了。像是在大學，以前有很多公益型的社團，大家追求的不是即時的玩樂，而是努力規劃一些方案，去協助需要幫助的人。現在，很多這類的社團都倒了，沒有直接好處的學生團體也都逐漸式微。雖然這類型的學生團體乍看之下沒什麼好處，但是在學生團體中跟人互動，其實就像提早出社會，有機會可以去磨練自己待人處世的方法。

我自己的經驗也告訴我，很多看似沒什麼好處的事情，後來都有可能為自己帶來一些好處。像我在念博士班的時候，因為要遠距帶領一些學妹做研究，就固定會搜尋新的學術發表，放在一個網站上。後來，我可能是因為這個網站，得到了我的第一份工作。

跳脫反饋的制約

現在我們生活的環境，充滿著各種制約，比方限時優惠、集點活動等等。要完全擺脫「因為有好處，我才做某件事」的迴圈，真的非常不容易。但是，只要你願意，你也可以做出改變。**一開始，我建議你可以用階段性的自我肯定，來取代外在的獎勵機制。**比方說，你如果想要把羽球練好，那麼你可以設定一些目標，只要達到目標，就給自己一些好處。雖然這也是利用好處作為行為的反饋，但是這個反饋是你自己，而不是別人提供的，你有更多的主動性。

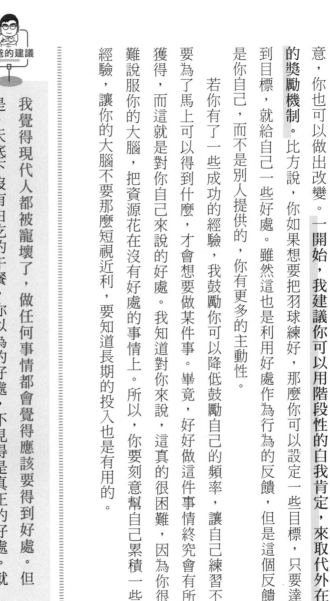

若你有了一些成功的經驗，我鼓勵你可以降低鼓勵自己的頻率，讓自己練習不要為了馬上可以得到什麼，才會想要做某件事。畢竟，好好做這件事情終究會有所獲得，而這就是對你自己來說的好處。我知道對你來說，這真的很困難，因為你很難說服你的大腦，把資源花在沒有好處的事情上。所以，你要刻意幫自己累積一些經驗，讓你的大腦不要那麼短視近利，要知道長期的投入也是有用的。

爸爸的建議

我覺得現代人都被寵壞了，做任何事情都會覺得應該要得到好處。但是，天底下沒有白吃的午餐，你以為的好處，不見得是真正的好處。就像一些商家可能會降價促銷，看起來你是得到了好處，但實際上，降價的產品品質可能比較差，最終獲得好處的是商家，而不是你。我建議你要想想這些事情：

❶要留意自己做事情的動機。

如果你有想要做一件事情的動機，基本上你也不太需要有什麼好處，來強化你的行為。所以，如果你發現有一件事情，自己不是那麼想要做，那也不用強迫自己去做。因為勉強自己去做，你會養成對反饋的依賴，長遠來看，對你的傷害是大過不做的。若這件事情是你該要做的，那麼你該做的，是先培養自己做這件事情的動機，而不是用好處來鼓勵自己做。

❷練習看長遠的好處。

現在的大環境，鼓勵我們看短期的好處，導致我們短視近利。我鼓勵你，有時候要看長期的好處，而不要因為短期的好或不好，就左右了自己的態度。像是在學習一種語言的時候，可能會覺得很痛苦，但是如果你想想自己哪天精通這種語言之後可以擁有的好處，就該鼓勵自己撐過去。

3 建立自己的獎勵體系。

在學生時期，老師、爸爸媽媽為了鼓勵你們做一些事情，會用各式各樣的獎勵來制約你們。但是，終究有一天，你要自己去創造那個獎勵體系。雖然不少企業都會有業績獎金，但是這個機制不一定能反映你的努力。如果你只仰賴那個別人制定的機制來鼓勵自己，那麼你有時候可能會感到失望。所以，我建議你可以練習找出對自己最有用的獎勵體系來鼓勵自己。

我知道，現在就要求你不要因為看得見的好處，才去做某些事情，真的很不公平。因為回頭看以前的自己，多數時候，也真的是因為有特定的好處，所以才會去做點什麼。其實，若廣義去解釋，人之所以會想做任何事，都是因為有找到一些對自己有利的元素，否則我們才不會去做。

但我希望你可以做到的，是減少依賴因為外在的好處，而想去做事情的頻率。如果你發現自己對一件事情著迷到難以自拔，就要特別小心了。因為這時候，你可能是上癮了，而不是因為那件事真的為你帶來多少好處。像是有些人看Tik Tok，一轉眼就看了幾個小時，或是有人一玩遊戲就玩了整天，都是已經有點上癮的狀態了。

練習尋求內在的滿足感，並且用這個當作驅力，會是比較健康的做法。我現在就在努力落實這樣的做法，也鼓勵你可以試試看，或許你也會喜歡這樣的方式。

你一定做得到的小行動

想一下，什麼樣的制約對你是最有效的，為什麼？

5

生不如死的社會，跟我有關嗎？

親愛的：

那天老師拿以前學測寫作的題目來讓你們做練習，那個題目是以弘道老人基金會「不老騎士」和丹麥「樂齡卡打車」，要學生以〈樂齡出遊〉為題，寫一篇短文，說明出遊意義，並思考如何照顧長者需求。你說還好我之前有讓你看不老騎士的紀錄片，所以對這個題目很有感覺，很快就寫完了。

聽你這樣說，我蠻欣慰的，但我其實有點好奇，到底你寫了什麼。因為我記得那個時候看完紀錄片，你看我和媽媽眼眶泛紅，還問我們怎麼了？你不是很想說，但是在我的利誘之下，你告訴我：「我就寫說，年紀老了，不代表就不行了，不老騎

士們也不是一開始就覺得自己可以完成騎車環島的任務，但是他們願意自我挑戰。所以，社會應該多提供一些機會，讓長者可以持續自我挑戰，那麼就不是那麼需要被照護了。」

我聽完都還來不及稱讚你，你就說：「你應該知道我這是客套話，因為你們大人就喜歡看這種文章。」我就像被潑了一臉冷水似的，一點也開心不起來。我認真的問你，「所以你覺得老人的事情，跟你們年輕人沒有關係嗎？」你點點頭說，「應該沒有，不要太喜歡管我們就好。像是社區很多奶奶，都喜歡問我怎麼穿那麼少，不會冷嗎？我聽了都覺得煩了。」

你有這樣的反應，也真的不能怪你，因為老這件事，真的距離你們太遙遠了。雖然最近你的外婆就住在附近，你也常跟她互動，但似乎也不太能感受到老這件事對你會有怎樣的影響。但是我要告訴你，你絕對不能輕忽老對整個社會的影響，再過幾年，臺灣超過六十五歲的人口就會超過20％，也就是說，臺灣正式進入超高齡社會。而且從二〇二二年開始，臺灣的人口就呈現「生不如死」的狀況，新生兒的人數低於死亡的人數，也就是說，我們的人口正在逐年減少。

很多過去沒有缺工的行業，現在就算提高薪資也找不到員工，像是解封之後的餐飲業、旅館業生意大好，但有些業主因為找不到員工，所以沒法跟上這場商機。等到你未來要工作的時候，這樣的狀況只會更嚴峻。對於需要仰賴人力的工作，基本上只要你有意願，應該都不至於會找不到工作。

該怎麼調整自己的心態？

面對人口高齡化，我們的社會運作需要調整，但是調整並不容易。像是幾年前，政府推動年金改革，就引起了很多的抗議聲浪。其實不只是在臺灣，在全界各地，只要政策影響了退休後的福利，都會引發反彈。像法國最近也因為年金問題，有很多民眾上街抗議。

對你來說，可能還沒有真的需要調整的部分，畢竟你還是學生，也只有很少數的長者會進入學校學習。唯一可能有的影響，大概就是老師們不會像以前一樣，選擇提早退休，因為現在的退休條件並沒有以前優渥。曾經有些反對年金改革的人，就拿中小學老師年紀太大會有代溝來當作訴求，希望不要影響老師的退休權益。

但是，對於已經在職場上的人來說，現在就需要思考怎麼做出調整，比方說要怎麼重新規劃職務，讓長者也可以繼續在職場上工作，或是要怎麼促進年輕一代和年長的一代可以順暢交流，也是現在很重要的課題。幾年前有一部電影《高年級實習生》很受歡迎，內容就是講一個退休男士重返職場的故事，一開始年輕主管不是很喜歡他，但是他努力融入職場，並且發揮他的人生智慧，對公司有很重要的貢獻。**真實生活或許不一定那麼美好，但是每個年齡層的人都有一些自己擅長的事，如果可以共事，肯定能幫公司創造最大的效益。**

所以，你要有心理準備，你未來需要跟很多不同年齡層的人合作，提早思考要怎麼和這些大人或老人相處，才能在職場上存活。

如何化危機為轉機？

雖然高齡人口會逐年增加，但是這不盡然表示需要照護的老人會越來越多，因為現在很多人都會提早幫自己的身心做準備，就是希望自己可以當個健康的老人。你可以想想，這樣的大趨勢會對你的未來有怎樣的影響。比方說，如果你本來想當幼兒園老師，可能就要重新評估可行性，因為未來的小孩會越來越少。

之前你在家會指導外婆做運動，我覺得若可以當老人的運動教練，或許就是一個不錯的做法。你也不一定要侷限自己只能當老人的教練，或許你可以針對他們開發專屬的訓練方案，我相信到時候生意一定會應接不暇。

當然，除了思考自己的職涯之外，你也可以想想，面對這樣的挑戰，你自己和家人之間的關係，又會有什麼需要調整的。你爺爺奶奶那一輩，通常家裡都有很多小孩，再加上以前的人沒有活那麼久，他們的照護負擔是比較輕的。但是，我們家就只有你和弟弟兩個人，如果到時候我們都很長壽，又都需要照護的話，可能就會是很大的負擔。我們會盡量不要造成你們的困擾，但有些事情不是自己希望不要發生，就不會發生的。所以，你可以想想，如果有那麼一天，你可能會想要怎麼做。

再想遠一點，整個社會的樣貌，肯定會和你現在熟悉的很不同。你就想想我們之前去日本玩的時候，就有不少老人在當服務生，地鐵上也有很多站著的老人，這些都是日本社會因為高齡化而產生的改變。接下來，臺灣的社會也必然會有很多的改變，我很難告訴你會變成什麼樣子。我們能夠做的，就是提醒自己要有多一點的同理心，社會才可以因為大家都彼此體諒，而能夠繼續和諧的運作。

我知道現在要跟你談社會結構的議題，真的是有點早。可是，臺灣真的老得太快了，我很希望你可以早點對這件事情有所認識，進而產生一些自己的想法。我自己的經驗告訴我，其實老人真的和我們以為的不一樣，他們或許皺紋多了一點、記性差了一點，但是他們也是人，也希望可以被別人好好對待。所以我要建議你：

1 多接觸長輩。

如果有機會，我希望你可以多去接觸老人，不要對他們有刻板印象。這一點我其實不擔心，因為你可能小時候跟外婆相處的時間多，對於和老人互動還算有一套。像之前我們去高雄美術館，你就自己跑去看老人打太極拳，還主動幫他們收拾場地，讓我和媽媽都感到很驚喜。

2 了解發展趨勢。

雖然現在就要想未來工作的事情有點早，但是社會結構改變，職場也會產生很大的變化。若有機會，你可以稍微了解一下，現在職場上最缺那些人才，然後從中找一個自己比較有興趣的。當然，你也可以從自己最有興趣的工作當作起點，想想怎麼和社會結構的改變加以關聯，這樣也是蠻好的做法。

3 思考自己可能的角色。

除了思考自己未來的生涯發展之外，你也可以想想自己在高齡社會中可以扮演怎樣的角色。或許想更遠一點，等你也是老人的時候，臺灣老人的比例有可能是一半了，又會和現在非常不同。所以你可以想想，自己在不同的時期會希望可以扮演怎樣的角色，以及這樣的角色是否是最合適的。

你一年級的時候，因為我剛出版了一本書《心的年齡，你決定就算數》，那時候你的導師還邀請我去跟同學們聊聊變老這件事。那時候，我請你們畫下老人的樣子，很多同學畫出來的樣子都是符合我們對於老人的刻板印象，比方說駝背、拄著拐杖等等的。後來，我還邀請你們班上的同學一起去看弘道老人福利基金會舉辦的《仙角百老匯》活動，在小巨蛋看來自臺灣各地的老人團體表演。雖然你可能不一定記憶猶新，但我蠻希望這些都可以在你心中留下一些影響。

我和媽媽知道未來你們這一代的負擔會很沉重，所以我們都很努力照顧自己的身體，希望可以不要成為你們的負擔。我對自己的期許就是，最好是可以工作到死前的最後一天，當然不一定要是全職工作，可能是一份兼職。這是我們可以做的，你也可以想想，有什麼是你可以做的。因為這是必然要面對的，你是逃不掉的，早點想、晚點想，都是要想的。既然如此，就早點想想，也可以早點測試自己的想法是不是合適，再逐步調整。

你一定做得到的小行動

找一位家族中的長輩，跟他聊聊天，並且想想自己和他有哪些不同之處。

6

理財很重要嗎？

親愛的：

前些時候，因為雞蛋短缺，蛋價不僅持續攀高，有時候是連要買都買不到。我本來以為你不會有感覺，怎麼知道原來你買早餐的店家，也在那段時間漲價了，還好你有多帶錢，不然可能就買不到早餐了。你有點擔心的問我：「如果物價一直上漲，那我們家會不會以後日子會越來越拮据啊？」我有點無奈地說：「有時候薪水也會調漲，只是根本跟不上物價上漲的幅度。」

這時候，你突然冒出一句：「父親大人，那要請你在股市多賺一點，補貼家用。」我調侃你說，「最好是那麼好賺，你爸是菜籃族，小本經營，頂多去吃頓館子，談不上賺很多錢。」你好像財經的大腦通路被打開了，接著又問了我一連串的事情，像是我有幫你買哪些股票，又怎麼幫你管理你的壓歲錢等等。

看到你對理財有興趣，我覺得是很好的，因為在這個薪資過低的年代，如果沒有工作以外的收入，真的有可能會入不敷出。這也就是為什麼我們從你小學開始，就給你零用錢，因為我們希望你可以練習管理自己的錢。看到你之前願意省錢買羽球拍、羽球相關的用品，我就覺得這個策略真的是用對了。不過說真的，管理自己的零用錢，和理財真的還有一段距離。幸好現在有蠻多寫給孩子看的理財書，我記得也買過《打造小小巴菲特 贏在起跑點：陳重銘的親子理財15堂課》給你。

理財除了希望可以開源節流之外，更重要的是培養正確的價值觀。如果你沒有正確的價值觀，就算你很有錢，也是沒有用的。就像有些富二代，因為從小就過著優渥的生活，家裡也有意無意灌輸他們錯誤的觀念，讓他們覺得反正自己不用幹嘛就會有錢可以用。**對這些人來說，他們會認為錢可以買到一切，什麼事情都可以用錢解決，實在是蠻不好的。**因為我有朋友的小孩，念的是所謂的有錢人國中，我聽她分享了很多價值觀扭曲的故事。而且她還說那個國中的學生家長真的很有錢，開學的時候老師調查大家暑假有沒有出國玩，結果全班除了我朋友的小孩之外都有。

還有一次，我去某間大學的新生訓練做分享，聽到前一位講者在跟新生說要怎麼理財，居然是鼓勵他們當包租公、包租婆，我聽了實在是滿臉問號。不是說包租公、包租婆不對，而是我不認為這是還沒念大學的學生應該聽到的理財演講。本質上，我很反對用房地產來獲利，因為居住是人很根本的權益，靠這點來獲取暴利，真的不是特別恰當。我想應該沒有父母在跟孩子說，「你要好好努力，才會賺大錢」的時候，會希望孩子回答，「只要學你一樣賣房，就可以賺大錢了，不用好好努力。」

理財是一門專業的學問

在我這個年代，在國高中階段幾乎沒有人會去上什麼理財課程，因為大人們總覺得我們把書念好就可以了。在那個時候，因為銀行的利息很高，所以把錢放在銀行定存就有蠻不錯的利息收入。但是，現在銀行的利率很低，如果還有人把錢定存放在銀行，那就是跟錢過不去了。

因為有時候我會跟你媽媽炫耀，我今天又靠賣股票賺了多少錢，你也會關切我們幫你買的股票，究竟狀況好不好。過程中，我也教你了一些簡單的術語，像是配息、填息等等的。不過，我認為，對理財的初學者來說，股票還是風險稍微高了一點點。若你未來真的想要理財，可以先從基金下手，畢竟漲跌幅沒有股票那麼大，而且銀行也會依據你的理財風險接受度，來限制你可以購買的基金類別。

除此之外，你也可以多聽一些優質理財專家的分析，像我每天早上開車上班的時候，都會聽廣播上的理財專家做股市分析，長期聽下來，自己也小有收穫。但我也必須承認，有時候我也難免判斷錯誤，像是聽到專家說哪支股票好，沒有另外做功課，就貿然進場，結果反而虧了一點錢。所以，我也要提醒你，對於理財專家的建議，一定要多方比對、查核，再審慎做決定。因為十個理財專家大概就會有十種不同的說法，連股神巴菲特有時候都會投資失利，真的沒有人可以保證讓你穩賺不賠。這不是要說這些專家不專業，而是金融市場有太多不可預測性，任何消息都有可能會影響市場。而且，有時候市場的反應還真的讓人摸不透；像之前美國失業率下降，理論上應該是一件好事，但股市反而下跌，因為投資人認為這樣會讓美國聯準會的貨幣寬鬆政策提早結束，因此看壞股市。

不過，在人工智慧發達的現在，有很多所謂人工智慧理財的服務。我自己有試用過，覺得沒有想像中好。但是，我相信未來是可以期待的，有可能一般人都可以有一個人工智慧的理財專員，你只要告訴它你的期待就可以了。

你真的需要那麼多嗎？

雖然你現在可能會覺得，哪有人會不想要多賺一點錢。但是，等你長大一點，你會慢慢發現，其實生命中有些很重要的東西，是用錢買不到的。除了維持基本生活的開銷之外，你似乎也真的不需要那麼多錢。

近年來，在日本有不少人奉行極簡主義，就是家中幾乎沒有什麼東西，生活也是簡簡單單的。在這個提倡永續的年代，也陸續有人在說我們應該要減少消費，還有人出書跟大家分享她一年都不買東西的經驗。更有意識的去消費，在未來會是個趨勢，畢竟地球的資源是有限的，我們不可能繼續肆無忌憚的消費。

我最近也有比較認真在思考這件事，所以之前有洋芋片業者跟故宮聯名，只要買到一定金額的洋芋片，就會送杯墊。那時候我猶豫了一下，最後還是沒有刻意湊到那個金額，因為我知道我其實不需要那個杯墊。我知道你一定會嘲諷我，既然要減少消費，是不是也可以少買一點米飛。關於這一點，我有在努力，也希望未來可以用行動來反駁你。

如果你有能力且有意願，我也鼓勵你可以把自己的財富跟有需要的人分享。在台東有一位賣菜的阿嬤陳樹菊，長期捐錢給有需要的人，精神就很值得我們仿效。你只要在生活中做一點克制，就有能力捐錢幫助需要的人，比方說，少喝一杯手搖飲料，或是少吃一塊蛋糕。很多說沒錢可以捐的人，其實只是不想捐，而不是真的湊不出錢來捐。

有人說錢非萬能，但沒有錢萬萬不能。我基本上認同這句話，但是我不認為一個人需要把追逐財富作為自己的志向。比起學習怎麼理財，我更希望你可以清楚自己認同的價值。在台灣社會，對於金錢的價值觀是非常扭曲的，這不是我樂見的，我也希望我們能夠傳遞給你正確的價值觀。

1 了解自己對金錢的需求。

有些人對於金錢很沒有安全感，所以會覺得自己需要賺很多錢；有些人則比較隨性，沒有那麼看重金錢。在你要做理財規劃之前，你可以先搞清楚，你是怎麼看待金錢在你生活中所扮演的角色。一旦確定好了，再去思考其他問題。

2 選擇適合自己的理財方式。

每個人對於風險的承受壓力都不一樣，你要依據自己的狀態，來選擇適合自己的理財工具，千萬不能因為想要高獲利，就算自己不能承擔高風險，還是投入高風險的理財產品。更不要因為貪小財，而聽信了不正派的投資方法，這些有很多都是詐騙，會先讓你放下戒心，然後蠶食鯨吞你的資產。

3 施比受更有福。

如果你未來有多餘的財富，我鼓勵你可以跟別人分享。在這社會上，有太多人需要幫助，你可以依據你自己的偏好和能力，選擇資助的對象。

雖然我有在理財，也算認真賺錢，但是我發現我和你媽媽都不是特別愛錢，所以沒有太強的企圖心要去賺大錢。我不知道你在這方面會不會承襲我們的心態，但是我希望你未來盡量不要為了錢而不擇手段，你可以用正派的方式來賺錢，但不要用不正派的方式來賺錢。這邊我指的正派，泛指不偷、不搶、不用欺瞞的方式，都是可以的。

另外，**我也希望你可以更有意識的消費，不要成為資本主義社會下的受害者。**因為資本主義的本質，就是希望大家可以多多消費，最好是把錢花光，然後借錢繼續花。我希望你要進行消費之前，先問問自己，「我真的有需要這個東西嗎？如果沒有這個東西，我的日子真的會過得很糟嗎？」如果確定不買那個東西真的會影響你的生活，才去進行有限度的消費。

記得，生命中你最需要的東西，通常不是用錢可以買到的。與其絞盡腦汁去賺錢，買那些錢可以買到的東西，我更希望你可以好好努力，去獲得那些錢買不到的好情誼、愛，以及別人的尊重。

你一定做得到的小行動

想一想，除了工作之外，你會想要用什麼方式來賺錢，為什麼？

7
地球真的只有一個？那幹嘛要有太空計畫？

親愛的：

之前你們園遊會的時候，學校特別提醒大家，要使用環保餐具，盡可能不要用一次性餐具。可是那天在園遊會現場，我發現還是很多攤位主動提供免洗餐具。晚上我問你，「學校不是說要少用一次性餐具，怎麼你們還是主動提供一次性餐具呢？」你有點無奈的說，「你有看到人帶環保餐具嗎？我們主動提供，是讓大家比較方便。」

我是有點失望，但也能夠理解，事情為什麼會有這樣的發展。用一次性餐具，你們可以提早把要賣的食物裝好，會比較方便；但是，如果要用大家自己帶的碗來

裝，就要花時間裝，而且食物的份量也有點難拿捏。不過你們不是特例，像我之前參加不少會議，主辦單位都會提醒大家要自備環保杯。但是，現場通常都主動提供紙杯，大家也都習慣性直接拿紙杯，而沒有用自己的環保杯，真的很諷刺。

其實隨手做環保，真的沒有想的那麼容易。比方說，現在政府針對使用環保杯買飲料，有提供五元的優惠。即便如此，還是很多人沒有自己帶環保杯，包括我自己也很少隨身攜帶環保杯，因為杯子太大了，並不是很方便。現在便利商店有提供循環杯的服務，我覺得就是更好的做法。因為不用隨時帶著環保杯，只要先登記就可以用循環杯買飲料，喝完也可以隨意歸還到有提供循環杯的店家。

在臺灣，因為環保行為帶來的好處不夠明顯，以至於民眾比較無感。就像國外有些提倡環保的新創業者，提供節能的電器給客戶，因為這可以幫客人省下很多電費，所以客戶會願意花錢租這樣的電器。但是，臺灣因為電費低廉，這些業者無利可圖，所以也沒有意願想要投入臺灣市場。或是像你去買碗湯麵，若沒有準備防漏的容器去買，很容易弄得一團糟；所以，即便知道用塑膠袋裝高溫的食物可能有礙健康，我們還是會選擇用塑膠袋裝，因為方便的好處比較明顯。

可是，如果什麼事情都只考慮自己方便，後果是不堪設想的。或許是各國政府知道要請大家為了環保，稍微包容一些不方便很困難，所以多數都是用政策來規範環保行為。就像在歐盟的機場，現在會限制起降的航班數量，所以一些航空公司必須要取消或是調整航班。很顯然，過去靠民眾自主花錢做到淨零碳排的做法，效果不彰。我也承認，我們從來沒有多花錢來抵銷自己航班對環境所造成的傷害。

我們做的太少

在臺灣，我們除了垃圾回收算是世界前段班之外，其他很多部分都是做得很不好的。比方說，因為臺灣電價、水價很便宜，所以我們人均電和水的使用名列世界前茅。另外，因為我們的消費習慣，塑膠袋、一次性餐具等的使用，也遠遠多於世界上其他國家。

這幾年民眾比較有環保意識，所以有越來越多人會帶自己的容器去買外賣。像我平常早上買漢堡，也會用自己的環保袋去裝。雖然一次只是少了一個紙袋和塑膠袋，但一年累積起來至少有五十個，想想也相當可觀。用環保袋裝食物、東西，跟帶環保杯相比，真的便利很多，我覺得大家應該都要養成隨身攜帶的習慣。

另外，像是課本的使用，其實也可以有所調整。三十幾年前我在美國念小學的時候，課本是厚厚的精裝版，是學校借給我們的。當時你的爺爺奶奶還想買這本課本，後來被老師制止了。老師說課本是拿來參考用的，另外會有講義，加上學生上課會做筆記，真的沒有買課本的必要。反觀幾十年後的臺灣，我們的課本還是用完就丟；而且因為考試主導教學，大家除了課本還會買參考書，這些對環境都是非常不友善的。

你可以想想，自己在生活中，是否有哪些地方也可以做點調整。比方說，是不是可以帶水壺，少買一些罐裝飲料。或是，只有單面使用的考卷，可以把另一面拿來另做他用。我相信你若仔細盤點，會發現自己其實還有很多可以做的。

要做到真環保，而不是假環保

如果你有想要為環保盡一份力，那麼我鼓勵你去接觸一些正確的環保知識。比方說，塑膠杯的使用是不是真的比紙杯環保，就是一件值得討論的事情。雖然我們主觀上都覺得紙杯比較環保。但是為了要讓紙杯可以裝飲料，甚至是有油脂的液體，在紙杯內層需要上一些塗料，而這些塗料本身並不環保。加總起來，用紙杯可能並沒有比用塑膠杯來得環保。

面對環保議題，我們真的太常仰賴錯誤的直覺。比方說很多海洋環保的主軸，都是在講塑膠袋、塑膠吸管的使用。這些確實都會對海洋生態造成不好的影響，但是在《海洋陰謀》這部紀錄片中，導演依據資料統計發現，其實海洋廢棄物對海洋生態的影響，比起商業捕魚的傷害低得多。第一次看到這部紀錄片的時候，我相當震驚，其中也包含了一些憤怒，覺得環保團體沒有告知我們正確的資訊。在這部紀錄片裡面，有一個很耐人尋味的段落，就是在北歐捕鯨的漁夫說，「為什麼要苛責我們捕鯨？因為這一條生命，我們可以餵飽很多人，不吃鯨魚，吃雞肉難道就比較好嗎？」這讓我陷入深思，因為我很難判斷哪一個更加環保友善，**只能藉這個經驗提醒自己，面對環保不要盲從，而要去做一些功課，並且思考最好的做法是什麼**。

今年初，我剛好有機會去上一個ESG認證的課程，當中有一堂課的主題在談減碳，我就問老師那我們該不該用核電。老師的答案是有說服我的，她說若以減少排碳的觀點，當然要用核電，因為核電的排碳量很低；但是，核電對於環境有其他影響，所以也不是最優選項。

什麼比較環保，什麼又比較不環保，真的很複雜。希望未來有人可以制定一些標準，讓人們一看就知道這個東西、行為的環保程度。

從很久以前，就有一個環保口號說「地球只有一個」。喊了幾十年，似乎也沒有明顯改變大家的行為。但是，這幾年來全球氣候異常，多少讓大家有點嚇到，擔心地球真的生病了。我希望從你們這一代起，環保可以是各種的行動方案，而不是一則又一則的口號。

1 檢視自己的消費。

你可以從自己平常的消費來下手，看看自己是不是有哪裡可以做得更環保。如果你要監督我們，我們也是非常樂意的。我記得你小學的時候，老師提醒你們吃肉對環境不友善，你就說我們每週可以有一天晚餐不吃肉嗎？當下我是很欣喜的，有點遺憾的是，這個方案只施行了幾週，我們就放棄了。

2 練習3R。

Reduce, Reuse, Recycle，是近來在推動環境永續很重要的宣言。如果我們可以減少消費，就不用擔心自己的塑膠杯是不是沒有紙杯環保，因為你根本不需要用到那些杯子。要做到3R，真的不容易，可是若你一直因為不容易就不開始做出改變，那很可惜。你可以從自己最容易下手的部分開始做起，再逐步擴展到生活其他方面。

3 影響周邊的人。

一個人要做環保是很孤單的，如果一群人一起做環保，就會很有動力。所以，我鼓勵你可以跟同學一起，再為環保做點努力。若你未來有點權力，還可以強制影響其他人。像我之前跟學生一起吃便當，我準備了很多筷子讓他們使用，就省下了很多的免洗筷。

爸爸的心裡話

我不敢說自己是真正的環保尖兵，但是我在努力中。去年暑假去丹麥的經驗，讓我留下很深刻的印象，因為處處可以看到環保永續的痕跡。比方說，店員在包裝禮物的時候，很精準的量測所需要的包裝紙，一點也不浪費。因為目睹了兩個不同的商家這樣做，我相信這是一件他們有共識的事情，也很慶幸他們願意這樣做。

另外一個讓我印象深刻的，就是我參觀了一間科學教育館，當中最重要的展示，就是跟能源永續有關的。我就在想，環保就是應該要從小培養，並且用實際操作的方式，讓人們從小對環保有感。

過去一年，我參與了兩個環保研究案的申請，其中一個有獲得補助。我覺得現在針對個人環保行為的推動，還有很多可以做的，也希望未來有機會跟你炫耀說，這個就是我研究成果的應用！

你一定做得到的小行動

練習每天做一件你覺得環保的事情。

8

什麼都在變，不變的是什麼？

親愛的：

你那天問我，我的青春期跟你的青春期有什麼不一樣。這個問題讓我陷入了深思，因為我覺得外面世界有很多的改變，但是我們遇到的困境，似乎沒有太多的不同。比方說，教改改了那麼多年，學生還是要面對很大的升學壓力，考試看起來一點也沒有減少，我甚至覺得你在七年級的考試，比我以前國一時還要多。另外，對於自己的不確定性，感覺也是一樣的，因為在春春期，真的很難想像自己以後會變成什麼樣子。

如果真的要說有什麼不一樣，我想就是有了這些新的科技產品，以前雖然也有

網路，但是能夠在網上做的事情有限，所以基本上也不太會有成癮的狀況。另外，以前我和同學們維繫感情的方式，都是面對面的；除了一些參加校外活動認識的朋友，有可能是利用電話或是用書信來保持聯絡。寫信對你來說應該是很新奇的，因為現在如果要寫信，你也會寫電子郵件，而不會用紙筆。

當然伴隨著科技的發達，你們比起我當時更早熟，因為你們更早就接觸到各式各樣的資訊。這可能是好事，也可能是壞事。往好的方面想，你的思想不會那麼幼稚；往壞的方面想，你會提早喪失那種童真，會用一種比較務實的態度來看待人生。或許就是比較務實了，卻又發現自己能力上還沒辦法做到自己想要的事情，反而陷入一種失落，進而有可能會選擇躺平。這樣想想，好像在年輕的時候傻一點，其實蠻不錯的，這樣就不會徒增煩惱。

在我們看來，你的思想是比同齡人稍微不成熟一點，當然這可能只是父母偏頗的觀察，誰知道你在外面展現的樣子又會是怎樣的。我覺得在自己還可以幼稚、懵懂的時候，就盡情享受這段時間，不用急著要長大。就像你說過的，當幼兒園學生真好，是同樣的概念。人類在每個年齡都有各自的發展目標，雖然外在環境快速改變，但是人類的機制還沒有跟上這樣快速的改變，那就寧可慢一點，也不要躁進。

如果可以重來，我會想做這些事情……

雖然我覺得我和你的青春期，差異並沒有想像中那麼大。但是，如果可以重新過一次我的青春期，或是可以當一個現在的青少年，我應該會希望可以做點不一樣的。比方說，我以前真的花太多時間在念書了，到了有點走火入魔的境界。若可以的話，我可能會希望花點時間學一種樂器，因為國小的時候，我的直笛其實吹得蠻好的，節奏感也還不錯。只是那時候不覺得應該把時間放在學樂器上，再加上你的爺爺奶奶也沒有逼我們要學樂器，所以這件事當時就沒有發生。

另外一件我希望做的事情，是可以發起一些社會運動。我雖然是個書呆子，不過從小的想法就跟常人有點不一樣，你爺爺常常說我都在講一些歪理。我們那個年代，對於社會運動沒有太多認識，若我是生在現在，應該會很想趁年輕可以做一點什麼。在這麼年輕的時候做這樣的事情，大人會比較包容，而且如果成功了，也比較容易受到注目，畢竟一個這麼年輕的人，就去想一個重要的社會議題，真的很有新聞賣點。

第三件我會想做的事情，應該是更早嘗試談戀愛吧！回頭看自己的學生生涯，各階段其實都有一些曖昧的對象，可是都沒有真的發展成戀愛。這某部分可能跟社會上期待男生要主動有關係，那些女同學可能覺得這個男生應該沒有那個意思，所以也沒有特別主動。或者，她們其實有，只是我有點駑鈍，沒有感受到她們對我的特別。不過，提早嘗試也不一定就會比較好，因為在那麼年輕的時候，自己可能都還不太認識自己，不知道自己真正想要什麼。我這個想法，可能單純只是想要體驗青少年的戀愛感，就是有點害羞、有點衝動、有點任性的跟一個人交往的感覺。

如果可以重來，我還是會做這些選擇……

剛剛提到如果可以重來，我會想做哪些改變。接著我想跟你聊聊，哪些事情是我還會繼續做的。第一件就是，若可以的話，我還是希望可以進入師大附中，而不是進建中。因為我覺得自己是一個比較反骨的人，比較適合在一個自由的氛圍中成長。當然，建中應該也是很多元的學校，但學校裡面太多神人了，我怕自己在那樣的環境下，會顯得沒有自信，結果反而沒辦法好好伸展自己。

第二個我還會做的選擇，就是繼續聽廣播和各種流行音樂。雖然從我擁有第一台收音機開始，我的成績受到了一些影響，但是我很喜歡聽廣播的感覺。可以聽到主持人跟你分享他的經歷、想法，點播不同歌曲，我一直到現在都覺得這是一件很酷的事。如果我那個年代製作podcast有那麼簡單，或許我可能就不一定會繼續念書，很有可能就靠著錄podcast來開啟自己的人生。記得國中畢業的時候，我還錄了錄音帶送給比較要好的朋友，裡面包含了我講的話，還有我幫他們點播的歌。

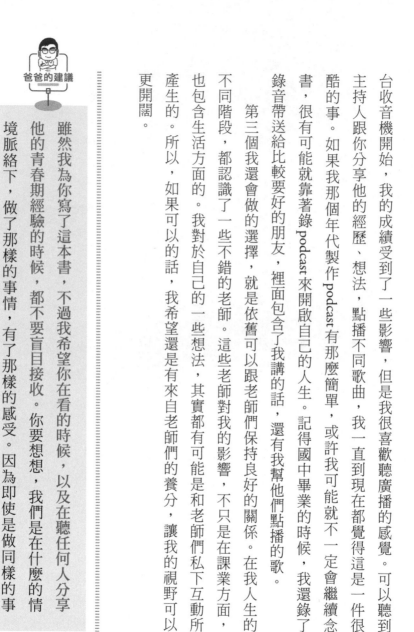

第三個我還會做的選擇，就是依舊可以跟老師們保持良好的關係。在我人生的不同階段，都認識了一些不錯的老師。這些老師對我的影響，不只是在課業方面，也包含生活方面的。我對於自己的一些想法，其實都有可能是和老師們私下互動所產生的。所以，如果可以的話，我希望還是有來自老師們的養分，讓我的視野可以更開闊。

爸爸的建議

雖然我為你寫了這本書，不過我希望你在看的時候，以及在聽任何人分享他的青春期經驗的時候，都不要盲目接收。你要想想，我們是在什麼的情境脈絡下，做了那樣的事情，有了那樣的感受。因為即使是做同樣的事情，情境脈絡變了，對你的影響也會有很大的不同。除此之外，我希望你可以：

1 不用急著長大。

我知道青少年大概心裡都會有種想法，就是希望自己趕快長大，然後就可以擺脫囉嗦的父母了。這樣的想法，我也有過，所以在知道大學可以住校的時候，我其實非常高興。但是，我真心覺得，長大這件事情是急不得的，只要你不是擺爛，一直活在自己的舒適圈，就不用擔心。不要因為周邊有人感覺很成熟，就覺得自己好像也要那樣，不然就像個長不大的孩子似的。

2 不要吝於跟人交流。

如果你願意的話，我當然是希望你可以跟我或者媽媽交流，畢竟我們從小看著你長大，對你的了解應該比其他人透徹。但是，如果你覺得另外有些人是比較懂你的，那也可以跟他們聊聊你的心事。在青春期這個階段，有很多事情可能不是靠我們自己的力量就可以梳理清楚的。當你遇到這樣的狀況時，就多跟朋友、學長姊或是親人交流，對你應該是好處大於壞處的。

3 不要害怕冒險。

到了大學，才有人提醒我，當學生的時候應該多去嘗試，就算犯錯了也沒有關係。我好希望更早就知道這樣的道理，因為我可能就會更勇於嘗試不同的事物。一直以來，我都算是一個偏保守的人，至少我自己這樣覺得，理智線不常斷掉。當然現在的我，已經不太能隨便斷掉自己的理智線，所以我要鼓勵你勇敢一點，在你這個年紀，做一些蠢事，別人會願意原諒你的，因為他們會覺得你還年輕。

看著你長大的過程，我其實充滿驚嚇，這個驚嚇倒不是因為你的行為，而是我想到以前你的爺爺奶奶，可能對我的行為舉止也有那樣的理解。在理解的狀況下，居然還可以讓我做我曾經做過的那些事情，真是太不可思議了。雖然我心中是覺得，他們並沒有真的很了解我，因為我從小到大算是蠻獨立的，幾乎自己打理所有的事情，基本上不太需要他們煩惱。

我沒有辦法像日劇《重啟人生》一樣，重新過一次我的青春期，所以我只能跟你分享我曾經錯過的，讓你參考。雖然我知道，就算參考了，你可能還是會犯同樣的錯，同樣在事後懊悔。但，發現自己有點蠢，好像是青春期很重要的一個課題。若一個人沒有在青春期做一些蠢事，對他來說可能反而是不好的。

你一定做得到的小行動

幫自己設定三件在青春期要體驗的事情。

【後記】

青春期也是值得期待的

決定要為青少年寫一本書的時候，我先從太太的畫作中選了這張圖，而且還擬定了書名《青春期也是值得期待的》。因為我希望這本書能夠讓即將進入青春期的孩子，以及家長們，可以用比較正面積極的態度來看待青春期這個人生階段。不過，在書寫的過程中，我意識到這本書主要的內容是在解惑，讓青少年和家長意識到，因為有這些諸多的不懂，以至於我們彼此不了解。所以，後來書名改成了《你們就是不懂我！》。

在書名《你們就是不懂我！》中的「你們」，指稱的不一定就是家長，也可能是青少年；「我」也不一定就是青少年，也可能是家長。在我們的生活中，很多的衝突，其實都是源自於彼此的不理解。希望這本書能夠幫青少年和家長搭起一座橋梁，讓你們願意用對方的角度來想問題。每對親子的關係都不一樣，即使是在同一個家庭，父母和子女的關係也都不一樣。因此，這本書無法為你們的親子關係提供一個解決方案，但我希望我和孩子互動的方式，可以為你帶來一些啟發，讓你願意做點什麼，來改善你們之間的關係。

我相信，如果你可以和正值青春期的孩子一起攜手，那麼青春期絕對是值得期待的！祝福各位家長和青少年們！

國家圖書館出版品預行編目資料

你們就是不懂我！：心理學博士陪你找到正能量,度過讓人有點不知所措,似乎又有點美好的成長期!/黃揚名著. -- 初版. -- 臺北市：商周出版：英屬蓋曼群島商家庭傳媒股份有限公司城邦分公司發行, 2023.06
面； 公分. -- (ViewPoint；115)
ISBN 978-626-318-693-4(平裝)

1.CST:青春期 2.CST: 青少年心理 3.CST: 心理發展

173.2 112006677

ViewPoint 115

你們就是不懂我！

──心理學博士陪你找到正能量，度過讓人有點不知所措，似乎又有點美好的成長期！

作　　者／黃揚名
企劃選書／黃靖卉
責任編輯／黃靖卉

版　　權／吳亭儀、江欣瑜
行銷業務／周佑潔、賴正祐、賴玉嵐
總 編 輯／黃靖卉
總 經 理／彭之琬
事業群總經理／黃淑貞
發 行 人／何飛鵬
法律顧問／元禾法律事務所王子文律師
出　　版／商周出版
臺北市104民生東路二段141號9樓
電話：(02) 25007008　傳真：(02)25007759
blog: http://bwp25007008.pixnet.net/blog
E-mail：bwp.service@cite.com.tw
發　　行／英屬蓋曼群島商家庭傳媒股份有限公司城邦分公司
臺北市中山區民生東路二段141號2樓
書虫客服服務專線：02-25007718；25007719
24小時傳真專線：02-25001990；25001991
服務時間：週一至週五上午09:30-12:00；下午13:30-17:00
劃撥帳號：19863813；戶名：書虫股份有限公司
讀者服務信箱：service@readingclub.com.tw
城邦讀書花園 www.cite.com.tw
香港發行所／城邦（香港）出版集團
香港灣仔駱克道193號東超商業中心1樓_ E-mail : hkcite@biznetvigator.com
電話：(852) 25086231　傳真：(852) 25789337
馬新發行所／城邦（馬新）出版集團【Cite (M) Sdn Bhd】
41, Jalan Radin Anum, Bandar Baru Sri Petaling, 57000 Kuala Lumpur, Malaysia.
電話：(603) 90563833　傳真：(603) 90576622　Email：services@cite.my

封面設計／林曉涵
封面圖片／graphic narrator
版面設計／林曉涵
印　　刷／中原造像股份有限公司
經 銷 商／聯合發行股份有限公司
新北市231新店區寶橋路235巷6弄6號2樓電話：(02) 29178022　傳真：(02) 29110053

■2023年6月29日初版一刷
Printed in Taiwan
定價400元

城邦讀書花園
www.cite.com.tw
 ISBN 978-626-318-693-4

線上版讀者回函卡